Journalist war sein erster Berufswunsch. Doch auch als Pfarrer ist Roland Breitenbach ein äußerst produktiver Autor geworden. Über 60 Bücher hat er verfasst.

Dem Himmel ganz nah: Gottesdienst kann man überall feiern, findet Roland Breitenbach. Zur Not improvisiert er ein wenig. Hier bei einem Berggottesdienst.

Das Bergsteigen ist seine Leidenschaft. Roland Breitenbach teilt sie mit anderen Priestern und Bischöfen.
In den Bergen kommt es immer wieder zu „himmlischen Begegnungen".

Die längste Zeit war Roland Breitenbach in der Schweinfurter Gemeinde St. Michael Priester.
Bei Predigten redet er, wie im übrigen Leben, Klartext.
Ein Blick in die Kirche St. Michael in Schweinfurt.

Bei Roland Breitenbach sind die Gottesdienste voll, die Gemeinde ist bunt und lebendig. Es gibt spannende Formen der Mitbestimmung wie die „Gemeindewerkstatt".

PS-starker Gottesdienst: Jährlich kommen tausende Motorradfahrer zu einem Bikergottesdienst zusammen. Am Ende werden sie von Roland Breitenbach gesegnet.

Der Pfarrgemeinderat von St. Michael im Jahr 2002. Eine Besonderheit der katholischen Gemeinde: In den Gemeinderat werden zwei Lutheraner gewählt.
V.l.n.r.: Roland Breitenbach, Thomas Wagner und Erich Ruppert.

Auch nach einem schweren Unfall feiert Roland Breitenbach wieder Gottesdienste. Eigentlich ist er schon in Rente gegangen, aber uneigentlich ist die Gemeinde über ihren aktiven Unruheständler sehr froh!

An einer Stahlkonstruktion im Innenhof der Gemeinde St. Michael hinterlassen frisch getraute Paare ein Schloss als Symbol für ihren Bund der Ehe. Jährlich feiern unzählige Ehepaare einen Erinnerungsgottesdienst, scherzhaft Ehe-TÜV genannt.

Roland Breitenbach

Unterwegs in Sachen Gottes
Autobiografische Notizen

ROLAND BREITENBACH

Unterwegs in Sachen Gottes

Autobiografische Notizen

benno

Bibliografische Information der Deutschen Nationalbibliothek
Die Deutsche Nationalbibliothek verzeichnet diese
Publikation in der Deutschen Nationalbibliografie;
detaillierte bibliografische Daten sind im Internet unter
http://dnb.d-nb.de abrufbar.

Besuchen Sie uns im Internet:
www.st-benno.de

Gern informieren wir Sie unverbindlich und aktuell
auch in unserem Newsletter zum Verlagsprogramm,
zu Neuerscheinungen und Aktionen.
Einfach anmelden unter www.st-benno.de

ISBN 978-3-7462-5413-5

© St. Benno Verlag GmbH, Leipzig
Umschlaggestaltung: Rungwerth Design, Düsseldorf
Gesamtherstellung: Kontext, Lemsel (A)

Inhalt

Priester, Rebell und Menschenfreund	6
Ich danke Gott für mein Leben	9
Was mich bewegt	30
Immer auf dem Weg – Reisen und Abenteuer	45
Erfindungsreich Kirche sein	55
Gebete, Weisheitsgeschichten und Impulse	76

Priester, Rebell und Menschenfreund

Während meiner Zeit als Pfarrer – 40 Jahre war ich bis zu meiner Pensionierung tätig – waren die Kirchen voll. Mit meiner Art, Kirche zu leben, konnte ich die Menschen begeistern. Ich gelte als Menschenfreund und Kirchenkritiker gleichermaßen. Mir ist die Menschlichkeit im Glauben und das, was „drinnen steckt", eben wichtiger als die Äußerlichkeiten der Institution Kirche. Damit ecke ich natürlich immer wieder an. Die Reformen, die ich im Kleinen anstieß, und neue Ideen wie Jazz- oder Bikergottesdienste waren manchen in der Amtskirche suspekt. Regelmäßig gab es Konflikte mit meinen Vorgesetzten und am Ende war ich meinem Bischof ein regelrechter Dorn im Auge. Das ging so weit, dass sich der amtierende Bischof zu meiner Pensionierung kein Wort des Dankes abringen konnte – bei so einer Gelegenheit eigentlich eine Selbstverständlichkeit.

Ich bin mittlerweile 80 Jahre alt, und vor ein paar Jahren stand mein Leben nach einem schweren Fahrradunfall auf der Kippe. Das sind Gelegenheiten, wo man zurückblickt, ein ereignisreiches Leben Revue passieren lässt und sich und anderen bewusst macht, warum man so ist, wie man ist. „Man muss seine Freiheit behaupten" ist eins meiner Mottos. Allein das wirkt auf konservative Kräfte in der Kirche schon wie ein rotes Tuch. Woher kommt mein Hang zum „Rebellentum"? Woher habe ich diesen Drang nach Freiheit im Glauben? Warum kann ich es so gut verstehen, wenn sich Menschen Änderungen in der Kirche wünschen? Warum ist es mir wichtig, dass der Glaube lebendig bleibt – auch wenn es dafür neue Formen braucht?

Um das zu verstehen, muss man ein paar Jahrzehnte zurückgehen. Es begann alles, als ich im Priesterseminar war. Schon da eckte ich an und fiel unangenehm auf. Ein Schlüsselerlebnis aber war für mich, als mein Vater schwer erkrankte, während ich im Priesterseminar war. Ich hätte ihn gern gesehen, ihn in seinen letzten Tagen besucht, mich verabschiedet. Aber ich durfte nicht. Dann starb mein Vater. Es war wenige Tage vor meiner Priesterweihe – und mir wurde untersagt, zur Beerdigung zu fahren. Zur Begründung hieß es, das würde die Vorbereitungen auf die Priesterweihe stören. Da war sie: diese Verbohrtheit im Glauben, das Beharren auf Regeln, auch wenn diese völlig unmenschlich waren. Wann immer mir diese Unmenschlichkeit begegnete, wehrte ich mich instinktiv dagegen. Ich finde sie ganz und gar unchristlich.

Schlussendlich bin ich dann doch zur Beerdigung gefahren. Heimlich. Zu meiner großen Überraschung kamen meine 13 Kurskollegen ebenfalls zur Beerdigung, um mich zu unterstützen. Das

war ein echter Trost für mich: zu erleben, wie Menschen einander beistehen können, wie sie einander echte christliche Nächstenliebe erfahren lassen, wenn sie sich nicht scheuen, sich über Regeln hinwegzusetzen. Diese Erfahrung, dass Menschen wichtiger sind als Regeln, hat mich seither begleitet. Ich wollte immer ein Mensch für die Menschen sein, auch um Gott dadurch nahezukommen. Ich hoffe, dass sich das in meinem Leben erfüllt hat und ich es hier deutlich machen kann.
Ich mache die Erfahrung, wie wichtig die Liebe im Leben der Menschen ist und ihr Leben prägt, immer wieder. Die Liebe wurde zu einem wichtigen Bestandteil meiner Predigten, die Vorschriften oder gar Drohungen keinen Platz ließen. Das alles ist lebensnotwendig, beglückend und ich möchte das gern an Sie, liebe Leser, weitergeben.

Die Liebe ist der Pfeiler,
auf dem die Welt steht und sie erhält.

Ich danke Gott für mein Leben

Dein spirituelles Leben
besteht nicht im:
Du darfst nicht! Sondern:
In Gottes Namen, ich kann!

Ein Blick zurück

Als Finanzbeamter wurde mein Vater nach Chemnitz in Sachsen strafversetzt, weil er als Christ nicht in die Nazipartei eintreten wollte. So wurde ich in Sachsen geboren. Meine Mutter wurde als Fränkin in der sächsischen Großstadt depressiv. Der Arzt, der sie behandelte, schrieb ein Gutachten, in dem er in der Sprache jener Zeit festhielt, „dass man dem Reich, dem Staat viel Geld ersparen könnte, wenn man die Familie zeitnah in die Heimat versetzen würde". So konnte zum Glück – ich hatte noch einen älteren Bruder – unsere Familie noch kurz vor Ausbruch des Zweiten Weltkrieges in die Heimat nach Aschaffenburg zurückkehren. Dort bin ich aufgewachsen und habe das Abitur gemacht.

Beinahe Journalist

Weil mein großer Berufswunsch Journalist war, habe ich für die Zeitung der Stadt Beiträge geschrieben. In der Redaktion habe ich von einem Ausschreiben der Bild-Zeitung erfahren. Daran habe ich mich beteiligt und den 1. Preis gewonnen: fünf Tage Mitarbeit in der Redaktion in Hamburg. Bald habe ich festgestellt, dass das nicht meine Sache war. Mich störte schon der Kommandoton, der in der Redaktion herrschte. Der Chef ordnete an, was jeder, worüber und wozu mit entsprechendem Umfang schreiben sollte. Als mein erster Bericht, etwa vierzig Zeilen, in der Zeitung erschien, hatte die dicke, große Überschrift die Aussage meines Textes ins Gegenteil verkehrt. Ich erkannte sehr bald, dass ich mir einen anderen Weg suchen musste. Wie eine Bestätigung erschien mir die folgende kurze Geschichte, die mir von einer Mitarbeiterin des Unternehmens erzählt wurde: Ein Zeitungszusteller hatte am Ende seiner Runde noch einen Packen Zeitungen übrig. Er setzte sich damit auf die Treppe, die zu einem großen Kaufhaus führte. Die Zeitungen legte er neben sich, dazu auch seine Mütze. Viele nahmen sich eine Zeitung und legten fünfzig Pfennige in die Mütze. Als alle weg waren, sammelte er das Geld ein und sagte zu sich: „Jetzt weiß ich endlich, was diese Zeitung wert ist."

Ein Abstecher mit Folgen

Bei der Rückkehr im Zug von Hamburg, ist mir der Gedanke gekommen, ich könne einen Besuch in Würzburg beim Regens im Priesterseminar machen, der früher in meiner Heimatgemeinde Kaplan war. Er begrüßte mich mit den Worten: „Ich habe mir ja schon immer gedacht, dass du zu uns kommst", und lud mich ein, einige Tage im Seminar zu bleiben. Am vierten Tag meines Aufenthalts wurde in der Zeitung berichtet, dass dieser Regens Josef Stangl zum Bischof ernannt worden war. Er hat mich im langen Gespräch auf den Weg zum Priestertum gebracht und 1963 zum Priester geweiht.

Meine Gefühle waren da allerdings noch sehr widersprüchlich. Die Frage, ob ich den richtigen Weg für mein Leben gefunden hatte, belastete mich oft in den Nachtstunden, bevor ich einschlafen konnte.

Wirkungen des Alkohols

In meiner Studienzeit in Würzburg gab es einen Ruhestandpfarrer aus dem Landkreis. Wenn er uns beim Spaziergang durch die Stadt sah, rief er uns auf seine Straßenseite, zückte den Geldbeutel und gab uns einen 20-Mark-Schein und sagte: „Nicht für das Studium, sondern für einen guten Schoppen." Nach einiger Zeit hatte ich ein paar dieser Scheine gesammelt und lud meinen Weihejahrgang, so an die 28 Mann, zu einem Nachmittag bei Federweißer ein. Der süße alkoholische Saft floss in Strömen und einigermaßen beschwipst kehrten wir in das Priesterseminar zurück. Dort sollte vor den niederen Weihen der Antimodernisteneid gesprochen werden. Dieser Eid musste bis 1967 von allen Klerikern geleistet werden. Dabei wendete man sich von allen Lehren ab, die als „Modernismus" empfunden wurden. Doch am Tag nach dem Federweißer-Gelage war keiner von uns fähig, den lateinischen Text zu sprechen. Erregt schickte uns der Regens ins Bett. Die Weihen fanden am nächsten Tag ohne den Eid statt.

Bange Minuten

Einen Tag vor meiner Diakonenweihe legte mir der Regens nahe, mich lieber nicht weihen zu lassen. Auf meine mehrfachen Nachfragen gab der Chef des Priesterseminars keine Antwort. Schwer zu beschreiben sind die bangen Minuten: Mit den anderen Kandidaten lag ich vor dem Altar auf dem Bauch. Als der Bischof die entscheidende Frage stellte, ob alle würdig seien, gab es ebenfalls keine Reaktion. Als der Bischof mir dann die Hände auflegte, kam es bei mir zu einer großen Entspannung und ich konnte durchatmen. Beim festlichen Auszug aus dem Gotteshaus kam ich an diesem Regens vorbei. Für ihn hatte ich nur noch ein einziges Wort: „Feigling!"

Gegen die Regeln

Im Priesterseminar musste ich sehr oft Unmenschlichkeit ertragen. So durfte ich, das bewegt mich noch heute, meinen schwer kranken Vater nicht besuchen. Ein Kollege aus dem Priesterseminar hatte sich, ebenfalls streng geheim, einen Kleinwagen beschafft. Mit dem fuhren wir nach Aschaffenburg. Als im Spessart das Auto wegen verrußter Kerzen, die wir erst reinigen mussten, stehen blieb, hielt neben uns ein schwarzer BMW, in dem der Regens und der Bischof saßen.
Der Regens fauchte mich an: „Morgen übergeben Sie den Schlüssel dem Bischof! Ich ging in aller

Frühe ins Palais, Stangl lud mich zum Frühstück ein. Dann sagte er mit einem Lächeln im Gesicht: „Jetzt also den Schlüssel!" Als ich den auf den Tisch gelegt hatte, sagte der Bischof: „Ich hoffe doch, dass ihr einen Ersatzschlüssel habt." Ob es einen Zusammenhang mit diesem Ereignis gibt, weiß ich nicht. Jedenfalls kam der Regens am späten Nachmittag zu meinem Zimmer und sagte: „Lassen Sie sich nicht zum Priester weihen!" Eine Begründung gab er nicht.

Als mein Vater fünf Tage vor meiner Priesterweihe starb, wurde mir die Teilnahme an seiner Beerdigung verboten mit dem Hinweis, das werde die Vorbereitungen auf die Weihe stören. Ich bin, auch wieder auf die Gefahr hin, nicht geweiht zu werden, im Zug heimlich nach Aschaffenburg und zu meiner Mutter gefahren. Als die Tür des Abschiedsraumes zum Friedhof hin geöffnet wurde, standen zu meiner Überraschung meine Kurskollegen dort und begleiteten mich zum Grab. Auch sie waren unter strenger Geheimhaltung und dem Vorwand, angeblich an der Universität tätig sein zu müssen, gekommen.

Die Zeichen der Zeit

In Erinnerung an die schweren Tage im Priesterseminar bedrückt mich bis heute folgendes Erlebnis: Vom Heimatort eines Weihekandidaten bekam ich den mehrfachen Hinweis, ihm könne man keine Kinder anvertrauen. Ziemlich ratlos und hilflos erzählte ich dem Spiritual davon, der mir auch nicht weiterhelfen konnte und mich auf den Regens des Seminars verwies. Dort wurde ich schon nach einigen Worten aus dem Arbeitszimmer verwiesen mit der lautstarken Frage: „Wollen Sie den jungen Mann um seine Zukunft bringen?" Wenige Tage nach seiner Priesterweihe wurde der Betroffene Pfarrer in einer unterfränkischen Kleinstadt. Tage darauf wurden die ersten Missbrauchsfälle bekannt, sie setzten sich auch nach Versetzungen in zwei andere Diözesen fort. Vom Heimatbistum gab es dazu weder Hinweise noch entsprechende Verfahren oder eine Suspendierung, bis es zu einem staatlichen Prozess mit Verurteilung, einem Schuldspruch und hoher Geldstrafe kam. Selbst dann noch wurden weitere Missbrauchsfälle bekannt, der Täter bezeichnete sich nach wie vor als unschuldig.

Mich bedrückt, dass ich damals, auch wenn Kindermissbrauch als Thema noch nicht so wie heute im öffentlichen Bewusstsein war, nicht nachdrücklicher und entschiedener geblieben bin. Zumal mich noch ein weiterer entsprechender Hinweis erreichte, den ich dann wegen meiner Erfahrung als nutzlos nicht weitergeben wollte.

In der Folgezeit beobachtete ich meine Umgebung mit besonderer Aufmerksamkeit. Mindestens dreimal wurde ich von Eltern um Hilfe gebeten, weil ihre Kinder einem Pfarrer zum Opfer gefallen waren. Diese Fälle erstreckten sich bis hin zu Verantwortlichen in der deutschsprachigen Gemeinde im afrikanischen Johannesburg. Dort kam es zu sexuellen Übergriffen durch einen Pfarrer aus Deutschland in einem Erstkommunion-Camp. Ich riet zum sofortigen Handeln. Der Junge, der die meiste Gewalt abbekommen hatte, feierte beim Heimaturlaub seiner Eltern in meiner Gemeinde seine Erstkommunion. Der Priestertäter wurde damals aus Südafrika ausgewiesen und später durch ein deutsches Gericht bestraft, auch wegen der Vorfälle in seiner Heimat, die dann erst bekannt wurden. Im Verfahren behauptete er, es sei nichts gewesen als eine liebende Beziehung zu Kindern.

Gedenkgottesdienst für meinen Bruder

Tief bewegt und todtraurig bin ich noch immer, weil mein Bruder, er hat mich oft auf seinen Schultern getragen, kurz vor seinem 20. Geburtstag zum Militärdienst gezwungen wurde und sofort gegen russische Truppen in den Krieg ziehen musste. Schon nach einigen Wochen ist er gefallen. Bis heute weiß ich, trotz verschiedener Nachforschungen, nichts von seinem Grab. Erst nach meiner Priesterweihe hielt ich im Beisein unserer Mutter an seinem Geburtstag im Januar einen Gedenkgottesdienst in jener Kirche, in der er für eine Gruppe Jugendlicher der Gruppenführer war und sich gegen Banden der Hitlerjugend durchsetzen musste.

Unter Winzern

Sehr gespannt war ich, in welche Gemeinden ich zum Dienst berufen würde. Es gab keine Möglichkeit, einen Vorschlag zu machen oder eine Bitte zu äußern. Auf dem Weg als Seelsorger waren die ersten Stationen der Winzerort Retzstadt. Dort lernte ich vor allem mit den jungen Leuten die schweren Herausforderungen durch den Weinbau kennen. In einer Winzerhütte hielt ich Bibelabende für die Jugendlichen, verbunden mit einer guten Brotzeit und wenigstens ab und zu mit einem Gläschen Wein.

Es waren recht vergnügliche und ideenreiche Wochen, weil vieles in der Gemeinde, zum Beispiel die Feier des Gottesdienstes, auf den neuesten Stand zu bringen war. An einigen Tagen ging ich sogar mit jungen Leuten, die inzwischen Ministranten geworden waren, um ihnen beim Pflanzen von Trauben mitzuhelfen. Ich erinnere mich daran, dass das eine sehr mühsame Arbeit war, weil in dem mit Felsen durchsetzten Gebiet tiefe Löcher zu graben waren. Einer der jungen Weinbergbesitzer schlug mir vor, an seiner Seite das Traktorfahren zu erlernen, um ihn im Fall eines Falles vertreten zu können. Nach drei bis fünf Fahrten hatte ich es geschafft. Zugleich ahnte ich, dass es nach diesen wenigen Wochen zu einer neuen Stelle kommen würde. Meine erste selbstständige Ausfahrt, ich war sehr stolz auf mich, ging zu einer Kellerei, etwa zehn Kilometer entfernt.

Seelsorger im Kurort

Wir leben zu sehr in der Vergangenheit, und hängen wir an ihr fest, dann haben wir Angst vor der Zukunft und vergessen dabei völlig, die Gegenwart zu genießen. So wurde ich bald und zu meiner Überraschung und ohne jede Rückfrage in eine ganz neue Welt, an den Kurort Bad Kissingen, versetzt. Der Mut zu Neuem und Ungewöhnlichem war neben der Seelsorgearbeit in Kliniken und Kurheimen gefragt. Sehr schnell wurde ich dringend in ein Kurheim gerufen und von dem Stationsleiter ins Bad geschoben. Dort lag eine tote Frau nackt in der Wanne. Ich konnte nicht mehr tun, als ein Gebet zu sprechen. Ähnliches habe ich auch in den zahlreichen Altersheimen erlebt, oft genug war das Personal hilflos.

Besondere Gottesdienstformen

Den ersten, wichtigen Schritt wagte ich in Bad Kissingen mit der Einführung eines Jazzgottesdienstes, der in der ganzen Stadt ganz groß mit Plakaten angekündigt wurde. Diese Plakate hatte ich mir in der Begleitung von drei Ministranten an die Brust geheftet. Wir gingen durch den Kurpark und stießen auf großes Interesse. Die meisten Menschen zeigten sich an diesem Gottesdienstunternehmen sehr interessiert. Das alles gefiel dem Oberhirten in Würzburg nicht und die Feier des besonderen

Gottesdienstes wurde untersagt. Ein Bischof, der in Bad Kissingen zur Kur war und davon hörte, kam ins Pfarrhaus und sagte zu mir: „Ich werde diesen Gottesdienst abhalten, denn mir können sie nichts anhaben." Wir wurden Freunde weit über seinen Kuraufenthalt hinaus. Der Bischof freute sich, wenn ich ihm interessante Vorschläge machen konnte.

Hier am belebten Kurort startete ich auch meinen Versuch, statt der üblichen und zum Teil überfälligen Beichten einen Bußgottesdienst zu planen. Nach der Ankündigung sagte mein Chef: „Nein! Nein! Die Türe des Beichtstuhles muss sich bewegen!"

Die Kirche war am frühen Abend voller vor allem junger Menschen. Es war eine auch für mich bewegende Feier. Später erbaten sich einige Verlage die Texte zu dieser besonderen Art eines Gottesdienstes zur Veröffentlichung. In Erinnerung an das Verbot meines Chefs gab ich den Mitfeiernden als Buße auf, die Türe des Beichtstuhls auf und zu zu machen. Vor allem die Jugendlichen taten das mit einem Lachen. So leicht war ihnen noch keine Beichte gefallen. Von da an feierten wir jedes Jahr vor Ostern Bußgottesdienste.

Geschichtensammler

Das Leben schreibt die schönsten Geschichten, heißt es. Man muss sie nur lesen wollen oder können, wie aus den Linien in den Handflächen. Deswegen habe ich mein ganzes Leben lang Anekdoten gesammelt, die das Leben auf den Punkt bringen und lehren, dass das Leben in Freiheit gelebt werden muss.

Hier ein kleines Beispiel: „Gott spielt und tanzt mit den Menschen, wenn sie bereit sind, sich selber aufs Spiel zu setzen", sagte die Äbtissin, als sich einige darüber aufregten, wie fröhlich und ungezwungen sich ihre Mitschwestern im Kloster bewegten. Und eine andere, die darüber klagte, dass sie bete und wieder bete und nicht erhört werde, deswegen müsse sie spielen, um sich zu erleichtern, belehrte sie: „Wer mit Gott sprechen will mit schwerem Herzen, ohne aber auf ihn zu hören, wird bei ihm nicht ankommen." Sie fügte ein Wort aus der Schrift hinzu: „Macht es nicht wie die Heiden, die Gott nicht kennen!" Schließlich habe Jesus klipp und klar gesagt: „Wenn ihr nicht werdet wie die Kinder, werdet ihr nicht in das Reich Gottes kommen." An anderer Stelle ist sogar überliefert: „Ich bin mitten unter euch wie ein Kind." Wenn schon die Kinder das Spielen verlernen, weil nicht mit ihnen gespielt wird, wie sollen sie dann das Beten lernen?

Gottesdienste in Fabrikhallen

Schließlich als die dritte Stelle kam dann die Kugellagerstadt Schweinfurt. Mit den vielen, zum Teil weltbekannten Fabriken war dies eine besondere Welt für mich. Ein großes Anliegen war mir die drohende Arbeitslosigkeit, auch wegen der Gewinnsucht der Firmeninhaber. Zusammen mit

Betriebsräten feierte ich auf einem Anhänger im Innenhof eines großen Unternehmens meinen ersten Arbeitslosengottesdienst, an dem viele aus den Fertigungshallen noch in ihrer Arbeitskleidung teilnahmen. Dabei entstand auch die Idee zum Kreuz der Arbeitslosigkeit, das in unserer Kirche jeweils mit der aktuellen Zahl der Arbeitslosen errichtet wurde, damit die Gottesdienste auch durch Mitsorge und Gebet für sie geprägt wurden. Die erste Zahl auf diesem Kreuz: 8.900. Es dauerte sehr lange, bis die Zahl geringer wurde. Der aktuelle Stand: 1.712.

Zum Start und als Hinweis feierte ich auf einem Lkw-Anhänger im Hof einer großen Fabrik einen Gottesdienst, zu dem nicht nur die Betriebsräte gekommen waren. Auf Wunsch eines Direktors, mit dem ich bald Freundschaft schließen konnte, wurde diese Feier über Lautsprecher in die Fertigungshallen übertragen. Schon nach einem zweiten und dritten Gottesdienst dieser Art entstand der Wunsch, sogar aus den Reihen der Gewerkstatt [Schaft], ob ich für die ganze Industrie der Stadt so etwas wie Betriebsseelsorger werden könnte. Postwendend wurde eine Anfrage in dieser Richtung abgelehnt, zusätzlich mit der Drohung, ich würde sonst meine Stelle in Schweinfurt aufgeben müssen. Das hinderte mich allerdings nicht daran, Gottesdienste in Fabrikhallen zu feiern, zu denen auch Betriebsräte beitrugen und als Lektoren zur Verfügung standen.

Am Fließband

In den Semesterferien arbeitete ich, um das Studiengeld zu sichern, in einer Kleiderfabrik zu Aschaffenburg. Meine einfache Arbeit bestand im Ausschneiden verschiedener Stoffe nach Schablonen und die Weitergabe an die Mitarbeitenden hinter den Nähmaschinen. Die Arbeit war also nicht anstrengend und machte sogar Spaß, vor allem wenn ich innerhalb weniger Minuten bestaunen konnte, was aus den Stoffen alles geworden war.

Dann in Schweinfurt erlebte ich das glatte Gegenteil. In der großen Fabrikhalle bestimmte bei der Fertigung von Kugellagern verschiedener Größen ein Fließband, gesteuert durch einen Automaten, den Einsatz und das Tempo der Arbeiter, die sich fast selber wie eine Maschine ausgebeutet fühlen mussten. In einem Werksgottesdienst sprach ich das an und nahm den Vorgang in meine Fürbitten auf. Immerhin erreichte ich zusammen mit dem Betriebsrat und der Direktion, dass die Ruhestandspausen der Fließbandarbeiter um einige Minuten verlängert wurden.

Für die CDU im Gemeinderat

Die Stadt wurde einschließlich des Oberbürgermeisters von Sozialisten regiert. Sie machten ihre Aufgaben gut, die Stadt blühte. Was mich allerdings ein wenig störte, war die damit verbundene Einseitigkeit. Deswegen trat ich der christlichen Partei bei und wurde dort als Kandidat für die Wahl zum Gemeinderat vorgeschlagen. Am Ende hatte ich die Wahl gewonnen und konnte vor allem in verschiedenen Ausschüssen die andere Seite darstellen, dabei habe ich nie Abneigung erfahren, sondern nicht selten freundschaftliche Zuwendung.

Nach meiner Ernennung zum Pfarrer von St. Michael bin ich aus dem Stadtrat ausgeschieden, weil ich nicht beide Aufgaben vermischen wollte. Dennoch blieb mir weiterhin die Hilfe der städtischen Behörden erhalten. So als ich den Vorschlag machte, in unserem Viertel auf einem Platz mit Gestrüpp und Abfall einen Spielplatz für Kinder und Jugendliche einzurichten. Schon bald konnte ich dort statt einer Einweihung mit dem Oberbürgermeister Fußball spielen.

In der Kolpingfamilie aktiv

Um mich nicht in den alltäglichen Aufgaben zu verlieren oder in Einsamkeit zu fallen, fand ich zu meinem Glück Freunde. Wir spielten einmal in der Woche Karten und gingen einmal die Woche zum Schwimmen. Sie entführten mich zu Ausflügen und Wanderungen durch halb Unterfranken und gingen mit mir bald in die Berge, schließlich brachten sie mich dazu, auf einem Hotelschiff auf dem Main entlang zur Donau bis zu ihrer Mündung die Zeit zu verbringen. Durch sie lernte ich auch die Kolpingfamilie kennen. Ich wurde zum

Präses gewählt, als mein Vorgänger wegen seiner Erkrankung aufgeben musste. Im Kolpinghaus, dessen Renovierung überfällig war, richtete ich eine Kapelle ein, in der wöchentlich einmal am Abend Gottesdienst mit der Gemeinschaft gefeiert wurde. Mein Einsatz in dieser großen Gemeinschaft schenkte mir nicht nur Abwechslung, sondern auch viele Ideen, die zumeist in der dortigen Gaststube entstanden. So meine Vortragstätigkeit zu den Kolpingsorten in halb Unterfranken mit Worten des Gesellenvaters: „Schön reden tut es nicht, die Tat ziert den Mann" – „Keine wahre Liebe ohne Gerechtigkeit, keine wahre Gerechtigkeit ohne Liebe" – „Das Leid ist die Feuerprobe des Christentums" – „Ein Lachen ist mehr wert als die längste und schärfste Predigt".

Kein typischer „Pauker"

Der Beginn jedes Schuljahres setzte meinen Tagesplan und noch mehr meinen Stundenplan unter Druck. Je nach Bedarf war ich als Religionslehrer gefordert: in der Grundschule, der Hauptschule, in der Fachoberschule und im Mädchen-Gymnasium, zudem als Dozent für Ethik in der Fachhochschule. Bei meinem ersten Besuch in der Hauptschule begrüßte mich der Direktor in seinem Arbeitszimmer. An der Wand hing dort ein Plakat, wohl aus Schülerhand in verschiedenen Farben geschrieben ein Wort von Goethe: „Nichts ist schrecklicher als ein Lehrer, der nicht mehr weiß, als die Schüler wissen sollten!" Zu meiner

Motivation fand ich das Motto: „Christsein, der neue Weg beginnt jetzt!" Für jeden meiner Schüler und Studenten fertigte ich eine Postkarte mit diesem Motto. Dazu hatte ich auf die Rückseite geschrieben:

„Ich darf mich als Mensch entdecken mit all meinen Fehlern und Schwächen.
Ich darf mich als Mensch finden mit meiner Begabung und meinen Vorzügen.
Ich kann meine Schattenseiten annehmen, denn im Glauben weiß ich, ich bin, wie ich bin, von Gott geliebt.
Das alles hat Folgen, denn es hat in sich den Sinn, es lohnt sich zu leben und zu lieben."

Dies versuchte ich in den Schulstunden zu vermitteln, um deutlich zu machen, dass das Christentum den Menschen ihren Wert gibt, den niemand wegnehmen darf. Jede Religion ist der Wurzelgrund allen Lebens. Deswegen ist es sinnvoll, ein religiöser Mensch zu sein und für spirituelle Erfahrungen offen zu sein.
Am Ende des Schuljahres durfte jeder seine Note im Fach Religion selbst festlegen. Ich widersprach nur dann, wenn die Beurteilung des Wissens und Könnens zu schlecht ausfiel. In jedem Fall kam es zu einer Einigung, brachte beiden Seiten Zufriedenheit und Freude.
Ich hatte es mir zur Gewohnheit gemacht, bevor die Klingel das Ende der Stunde anzeigte, zu sagen: „Gibt es noch Fragen?" Zu meiner Überraschung erhob eine Schülerin aus der letzten Reihe

ihren Finger: „Ich möchte Sie etwas fragen! Woran erkennen Sie unter hundert nackten Männern den Adam?" Vorsichtig wagte ich keine Antwort. Dann die Schülerin wie aus der Pistole geschossen: „Er hat keinen Nabel!"

Hat Gott Humor?

In Schweinfurt gab es drei Gesellschaften, die sich in der Fastnachtszeit, in Franken Fasching genannt, mit Narrensitzungen einen Namen machten. Das brachte mich auf den Grundgedanken, ob Gott Humor hat oder ob jemals ein Lachen von ihm im Himmel zur hören war, an dem vielleicht die Engel ihren besonderen Anteil hatten. Damit war nicht nur ein Witzbuch entstanden, das schnell mehrere Auflagen erreichte, sondern auch die Idee, am Fastnachtssonntag in einem musikalischen Gottesdienst eine Büttenpredigt zu halten. Der Zuspruch war schnell sehr groß, die Kirche war bis auf den letzten Platz gefüllt. Ich setzte keine Narrenkappe auf, sondern stellte sie am Predigtplatz auf, wo auch die Bibel ihren Platz gefunden hatte.
Von da an hielt ich auch in den folgenden Jahren immer wieder Büttenreden, die großen Anklang fanden. Nach den Predigten wurde ich oft um Kopien gebeten, doch bald war der närrische Text noch vor Aschermittwoch in der Tageszeitung zu lesen. Ganz klar, dass aus allem auch ein Büchlein entstanden ist: „Ein Narr sagt, ich bin so frei! Zwei Jahrzehnte Büttenpredigten".

Damit Katholiken
was zu Lachen haben

Der Präsident einer Fastnachtsgesellschaft – von den kirchlichen Behörden vor Ort gab es nie eine Nachfrage – wollte von mir wissen, warum sich die Fastnacht, der Karneval, in katholischen Gegenden entstanden, gerade hier so durchgesetzt hat. Ich gab ihm spontan die Antwort: „Weil die Katholiken sonst nichts zu lachen hätten." Kann ein Prediger denn die Frohe Botschaft Jesu glaubwürdig verkünden, wenn er nicht selbst von Freude erfüllt ist? Klerikale Ernsthaftigkeit ist jedenfalls der falsche Weg, gerade weil das Lachen aus der Kirche verbannt wurde und selbst das Lachen von Kindern verpönt war oder gar bestraft wurde.

Die Sache mit dem Zölibat

Nach einem Vortrag wurde ich von einem der Zuhörer gefragt, wie ich es mit dem Zölibat halte. Ich sagte: „Ich habe ihn nicht vor der Priesterweihe unter Eid versprochen. Was ich vermisse, sind weniger die Frauen, da fehlt einfach die Erfahrung, aber ich bedauere sehr, keine Kinder und Enkel zu haben. Es ist schwer, ohne Familie zu leben."
Als die Feststellung, dass ich den Eid nicht geleistet hätte, am nächsten Tag in der Zeitung stand, wollte die bischöfliche Behörde weitere Auskunft. Dem Bischof und seinem Abgesandten erklärte ich, vor der Weihe habe ich dem damaligen Bischof erklärt,

Jesus habe ausdrücklich gesagt: „Ihr sollt überhaupt nicht schwören!" Darauf hatte der Bischof entgegnet: „Gut! Dann versprich ihn mir in die Hand."
Den Abgesandten des regierenden Bischofs gab ich noch folgenden Denkanstoß mit auf den Weg: Der Priester soll seelsorgerlichen Rat geben, hat aber keinerlei Ahnung von Partnerschaft und von Liebesdingen, am wenigsten von allem, was mit Sex und Erotik zu tun hat. Dann erklärte ich, der Zölibat sei mit schuld am Priestermangel und schon deswegen überholt. Die Abgesandten des Bischofs gingen höchst unzufrieden. Was hätten sie auch auf die Bemerkungen sagen sollen?

Konflikte mit dem Bischof

Meine Erfahrungen mit Bischöfen, vor allem nach dem Tod von Josef Stangl – wir waren per Du, er starb im Krankenhaus St. Josef in meiner Gegenwart und in meinen Händen –, sind recht seltsam und fragwürdig. Nach einer Veranstaltung hörte beispielsweise der Würzburger Bischof aus einer Runde von Teilnehmern meinen Namen. Er wiederholte ihn und sagte: „Breitenbach? – Einer von dieser Sorte genügt uns."
Als ich in den Ruhestand ging, wollte mich der Bischof aus dem Pfarrhaus vertreiben, obwohl in Schweinfurt bereits etliche Pfarrhäuser leer standen. Immerhin konnte ich durch den Einsatz von Mitbrüdern bleiben, bis heute. Lediglich die Ruhestandsurkunde des Bischofs habe ich nicht angenommen, denn auf ihr war die

übliche Formel „Mit Dank und Anerkennung für die langjährigen Dienste in der Seelsorge" gestrichen. Bis heute habe ich keine Urkunde, aber auch ohne lässt es sich leben.

Rückkehr ins Leben

Kurz vor meinem 80. Geburtstag schien mein Leben ans Ende zu kommen. Auf einer abschüssigen Strecke knallte ich vom Fahrrad, den Kopf voran auf einen Steinblock. Tagelang lag ich im Koma. Durch die Unterstützung der Fachleuchte in verschiedenen Krankenhäusern konnte ich ins Leben zurückkehren. Noch bin ich wegen einer starken Benommenheit auf eine helfende Hand und den Stock angewiesen. Die Gemeinde hat volles Verständnis, wenn ich mich über den weiten Altarraum führen lasse und die Gottesdienste auch sitzend feiere. Ein großes Geschenk ist es, dass ich geistig arbeiten kann und alte Erfahrungen langsam zurückkehren. Wenn ich gefragt werde, wie es mir geht, antworte ich: „Erträglich. Aber ich bin dankbar, was mir im Leben alles geschenkt wurde."

Was mich bewegt

Wenn man mal
so nahe bei Gott war
wie ich, dann will man
keine Zeit mehr
mit unnützen Dingen,
mit Angst und
Zaghaftigkeit
verschwenden.

Um der Menschen willen

Jesus sagte sinngemäß zu den Frauen und Männern, die ihn auf dem Weg begleiteten: „Ich bin gekommen, nicht um die Menschen in der Welt zu richten, sondern um sie zu retten." Überall, wo die Kirche anklagt und verurteilt, wo sie an der Rettung des Menschen nicht beteiligt ist, sondern sie sogar durch Verordnungen und Gesetze blockiert, entfernt sie sich vom Evangelium.

Gerade wenn es um die Sakramente, die heiligen Zeichen der Kirche geht, merkt man, wie es gut ist, wenn die Vorschriften der Kirche um der Menschen willen auch mal außer Acht gelassen oder umgangen werden. Denn der Mensch steht über und vor den Sakramenten. Das haben mich meine Erfahrungen, die das Leben selber geschrieben hat, gelehrt.

Menschennähe und Mitgefühl

Schon immer lag mir die Menschennähe am Herzen, die sich vor allem im Mitgefühl zeigte. Das sollte auch in möglichst allen Gottesdiensten spürbar sein, um damit auch die Gottesnähe, seine Liebe und sein Erbarmen anzuzeigen.

In meiner Gemeinde feiern wir einmal in der Woche einen Werktagsgottesdienst am Vormittag in der kleinen Kapelle unserer großen Kirche. Wir sitzen dann in der Runde nahe beieinander, Schulter an Schulter. Beim Vaterunser fassen wir einander auch an den Händen. Zum Beginn einer dieser Feiern erhob ein Mann seine Hand und sagte: „Wegen eines Krebsverdachtes komme ich gerade aus dem Krankenhaus von einer Untersuchung. Der Arzt sagte mir, ich könne gehen, es sei alles im grünen Bereich. Ich bin gekommen, um zu danken." Spontan gab ich dem Organisten einen Hinweis und wir sangen miteinander dankbar und fröhlich das allen bekannte Lied: „Sing mit mir ein Halleluja, sing mit mir ein Dankeschön, denn im Danken liegt der Segen und im Danken preis ich ihn." Nach jeder Fürbitte, die ich frei formulierte, wiederholten wir als Kehrvers dieses Lied.

Menschennähe

Viele Gespräche habe ich geführt, vor allem, weil ich sehr schnell merkte, wie wichtig es den Menschen war, sich aussprechen zu können und einen Rat zu bekommen. Viele Stunden sind darüber vergangen, aber dieses Wort hat mich beflügelt: Menschennähe ist immer Gottesnähe!

In ganz kleiner Runde

Zur Menschennähe gehörten bei mir Hausbesuche, vor allem bei Kranken und Behinderten. Meist brachte ich eine Gebetskarte mit oder ein Büchlein von mir als Geschenk. Bei einem solchen Besuch sagte der gut Neunzigjährige zu mir: „Ich konnte seit Langem keinen Gottesdienst mehr mitfeiern, das kränkt mich sehr." Ich schaute mich kurz um und sah eine Kerze, die ich entzündete. Auf dem Tisch lag noch ein Stück Brot, das wohl vom Frühstück übrig geblieben war, und wie ein Wunder: Auf der nahen Kredenz stand eine Flasche Wein, die wohl von einem anderen Besucher stammte. Ich sagte mir: Was du oft auf den Bergen spontan gemacht hast, das kannst du auch hier. So feierten wir am Tisch den Gottesdienst. Unvergesslich bleiben mir Freude und Glück des alten Mannes, dem Tränen in den Augen standen.

Trauernden beistehen

Menschennähe bedeutete für mich auch, einfühlsamen Beistand zu leisten, wenn von einem lieben Menschen Abschied genommen werden musste. Im Laufe eines Jahres waren es etwa acht bis zehn Todesfälle. Nach schwerer Krankheit, durch plötzlichen Herzinfarkt oder durch einen Unfall. Wesentlich war für mich immer, Gespräche mit den Hinterbliebenen ohne Zeitdruck zu führen, um Trost und Zuversicht zu geben und die Texte für die Abschiedsfeiern vorzubereiten. Althergebrachte und überholte Formulare konnten das nicht bieten, was nötig war. Ein Wort von mir fand viel Zustimmung und ist nicht selten in Todesanzeigen oder auf den Trauerbildchen verwendet worden: „Wenn keine Trauer, dann keine Liebe!" Oft habe ich vermitteln können, dass der Verstorbene jetzt nicht tot, sondern im Erbarmen und der Liebe Gottes geborgen ist. Auch das kann im Gedenken an den Verstorbenen eine tröstliche Hilfe sein. Liebe ist immer Leben. Das Manuskript für die Feier habe ich Trauernden zum gelegentlichen Nachlesen, auch im Schein einer Kerze mitgegeben. Der wahre Trost kommt einerseits vom Himmel, dann aber besonders durch das Mitgefühl eines Menschen, das im Geschriebenen zum Ausdruck kommen kann. Vielfältig wurden meine Worte für Gedenkbildchen, die man an die Trauergäste verteilte, übernommen. Dort stand dann beispielsweise: Aus Liebe entstanden – in Liebe geboren – mit Liebe aufgenommen – die Liebe gelebt – Liebe verschenkt – in Liebe gestorben – in der Liebe Gottes für immer geborgen.

Nicht nur die üblichen Antworten

Wichtig war mir vor allem die Gesprächsbereitschaft, die ich auf meinem Ausbildungsweg oft vermissen musste. Die Gemeinde merkte schnell, dass ich hören und zuhören konnte und auch bereit war, nicht nur die üblichen Antworten zu geben.
In einem Sonntagsgottesdienst predigte ich zum Thema Gebet und sagte unter anderem: Gebete trösten und machen Mut, sie sind wie ein vertrauensvoller Sprung in die Welt Gottes. Selbst das leise Aussprechen von Wünschen, Sorgen und Ängsten wirkt wie ein Loslassen. Im Gebet kann es

gelingen, sich selbst, den Nächsten, sogar die ganze Welt besser zu verstehen. Oft haben sich Gebetswünsche erfüllt, bevor wir Danke sagen konnten.
Nach dieser Ansprache kam eine Frau zu mir in die Sakristei und sagte: „Schön und gut, was Sie da alles gesagt haben! Ich kann beten, um was ich auch will, doch meine Gebete werden nicht erhört und nicht erfüllt. Was soll ich da tun?" Nach einer kleinen Gedenkpause riet ich ihr: „Dann beten Sie um Geduld!"

Gegen die Angstmacher

Schon als junger Pfarrer stellte ich ohne Vorwurf, aber mit üblem Gefühl fest, dass ich so manches auf die Reihe bringen musste, was Kollegen in Predigten oder in der Schule lehrten. Meist war von Pflichten die Rede, nicht selten spielten die Gebote und Regeln der Kirche eine weit größere Rolle als die in den heiligen Schriften überlieferten Weisungen Gottes. Nicht nur Ängste vor Fegefeuer und Hölle musste ich überwinden, ganz zu schweigen von den Drohungen mit dem Letzten Gericht Gottes. Ich muss es sagen, die Regeln der Kirche wurden listenreich vorgebracht, auch um durch entsprechende Ängste Menschen in die Kirche und unter die Herrschaft der Priester oder Bischöfe zu zwingen.

Inspiration aus der Natur

Die Natur als Spiegel Gottes hat es mir angetan. Bei meinen Spaziergängen und Wanderungen sah ich an Wegrändern, Wiesen und im Wald viele Blumen und Pflanzen, deren Namen und Bedeutung ich zu Hause bestimmen konnte. Besonders beeindruckt hat mich der Augentrost, ein weißblaues Blümchen, kaum drei cm groß. Aus der einfachen Begegnung ist ein Gebet entstanden, das in meiner Broschüre „Gebete der Pflanzen das Jahr hindurch" den ersten Platz bekam:
„Guter, alles erschaffender Gott! Seit vielen Jahrhunderten kann ich mithelfen, dass es im Herzen und im Sinn der Menschen hell wird und bleibt, denn das Auge gibt dem Körper Licht. Wenn dein Auge gesund ist, dann wird um dich alles hell. Also bin ich ein wahrer Augentrost. Leider versag ich völlig bei Menschen, die ihre Augen überall haben müssen. Wirkungslos bin ich auch bei solchen, die anderen Splitter aus den Augen ziehen wollen und dabei ihre eigenen Balken übersehen. Denn dazu braucht es mehr als ein bescheidenes Kräutlein, nämlich Selbstkritik und Einsicht."
Ein schönes Wort dazu hat Meister Eckhart, der große Mystiker, gefunden. Er konnte hinter die Dinge sehen und auf die Stimme Gottes hören: „Das Auge, mit dem ich Gott sehe, ist dasselbe Auge, mit dem mich Gott sieht."
Der Augentrost weiß: „Weil meine Blüten ein wenig an das Auge der Menschen erinnern, erwarteten sie meine Hilfe bei ihren Augenleiden. Sieh da, ich konnte ihnen helfen. Wie meist sind es die

einfachen und armen Leute, die mich schätzten. Sie konnten sich weder Brillen noch Medikamente leisten. Wirkungsvoll bin ich bis heute gegen Reizungen und Entzündungen, also ein wahrer Augentrost. Das verdanke ich Gott."

Keine Gebühren

Als ich als Pfarrer selbstständig geworden war und entscheiden konnte, habe ich als Erstes die Gebühren abgeschafft, die für alle priesterlichen Tätigkeiten, angefangen bei einer Taufe, über die Feier eines Gedenkgottesdienstes und noch für eine Beerdigung gefordert wurden, meist sogar als Vorleistung. Das so erzielte Geld ging zuerst an den Priester, dann an die Kirchenkasse. Dabei war der jeweilige Pfarrer wegen seines monatlichen Gehalts nicht gerade arm zu nennen, in manchen dörflichen Orten galt er sogar als der Reichste. Die Gebührenabschaffung ärgerte manche Kollegen, weil sie von Mitchristen unter dem Hinweis auf meine Gemeinde gefragt wurden, warum er denn noch Gebühren einfordere.
Erst jetzt, nach langer Zeit, hat mich rückblickend Papst Franziskus bestätigt, als er sagte: „Mich ärgert es, wenn ich ein Pfarrbüro betrete und mich empfängt eine Gebührentafel." An jenem Tag, als dieses Wort bekannt gemacht wurde, war in den Zeitungen zu lesen, dass Bistümer Geld millionenfach verschwendeten.

Hat die Kirche Zukunft?

Einmal, das Bistum plante für alle Priester und Mitarbeitenden eine Tagung unter dem Thema „Hat die Kirche Zukunft?", wurde ich gebeten, dazu Überlegungen vorzubereiten. Diese sollten zu Beginn allen Teilnehmenden zur Verfügung gestellt werden. Dazu formulierte ich folgende Gedanken:

Ich beginne mit Worten aus dem Brief an die Gemeinde von Philippi: „Verhaltet euch dem Evangelium Jesu entsprechend, damit ihr einmütig zusammen kämpft und euch in keiner Weise einschüchtern lasst von den Widersachern. Es gibt doch eine Ermahnung in Christus, einen Zuspruch der Liebe, in der Gemeinschaft des Geistes. Meine Freude ist dann ganz groß, wenn ihr einig seid" (nach Phil 1,27 ff.).

Überall, wo die Kirche als eine solche Gemeinschaft erkannt wird, sind der Geist und der Wille Jesu erkennbar. Doch wo die Behörden den Vorrang haben, wird die Kirche für Jesus und seine Frohe Botschaft zur Bedrohung, weil sie oft genug ausschließend wirkt. Das Evangelium kommt zu Fuß, nicht in Samt und Seide, in Prunk und Protz, gar mit Silber und Gold. Das Herz des Volkes Gottes schlägt über dem Straßenpflaster. Also muss es uns um Christen gehen, die bereit sind, auch gegen jene, die sich Oberhirten nennen, Impulse aus dem Geist des Evangeliums zu geben. Der gute Geist Gottes weht schließlich, wo er will.

Ein Merkzeichen der besonderen Art ist das Wort von Bischof Gaillot, der nicht nur deswegen sei-

nes Amtes enthoben wurde: „Eine Kirche, die nicht dient, dient zu nichts!" In dieser Dienstbereitschaft nach allen Seiten, ohne Vorbehalt und Einschränkung liegt die Zukunft der Kirche. Dazu sagt Papst Franziskus: „Apostolischer Mut bedeutet für mich ein Säen: einem Mann und jeder Frau die Schönheit des Evangeliums zu vermitteln, das Staunen einer Begegnung mit Jesus so zuzulassen, damit der Heilige Geist den Rest macht."
Der erste Ort des Evangeliums ist nicht die Kanzel oder ein Lehrstuhl, es ist der Mensch. Die Kirche kann nicht in einer Welt leben, die mit der Welt der Menschen immer weniger zu tun hat. Das können wir nicht einfach Glaubenskrise nennen. Es ist eine Kirchenkrise, die ihrer Zukunft im Weg steht. Doch vielleicht hilft uns dies: Jede Krise stellt die Weichen für das Leben. Wenn die Frohe Botschaft Jesu in den Worten unserer Zeit verkündigt wird, aber auch von allen, die das Sagen haben, gelebt wird, dann hat unsere Kirche Zukunft.

Taufe in freier Natur

„Taufen Sie unseren Paul?" Das mir unbekannte Pärchen sprach mich nach dem Gottesdienst an.
„Aber euer Heimatpfarrer ist doch zuständig", meinte ich.
„Der weigert sich, im Wassernachtstal zu taufen. Dort ist unser Sohn entstanden; ein Wunder weil der Frauenarzt gesagt hatte, Susi könne nie ein Kind bekommen."
Am Tag der Taufe war die Wiese am Bach, wo Paul

entstanden war, voller Gäste. Es gab Kaffee und Kuchen, ein Fass Bier und belegte Brötchen.
Bis zu den Knöcheln stand ich im kalten Wasser des Baches. Die Eltern und zwei Männer, Geschwister des Paares als Paten, brachten das Kind. Ich schöpfte mit der hohlen Hand das Wasser aus dem Bach, ließ es über den Kopf des Kindes rieseln und sagte:
„Paul, hier ist dein Leben entstanden und so taufe ich dich für ein neues Leben; im Namen des Vaters und des Sohnes und des Heiligen Geistes. Amen. Euch alle, die ihr zu diesem besonderen, fast wunderbaren Ereignis zusammengekommen seid, nehme ich zu Zeugen dieser Taufe und bitte euch, das Kind mit eurem Leben und eurem Glauben zu begleiten."
Alle stimmten in das bekannte Lied ein: „Fest soll mein Taufbund immer stehn, ich will die Kirche hören." Ich hatte aber vorher umgetextet: „Ich will den Weg des Glaubens gehen und folgen heiligen Lehren." Die Eltern waren sichtlich bewegt, und nach der Taufe wurde ein freudiges Fest gefeiert.

Verweigerte Taufe

Mir kam ein schlimmes Ereignis zu Ohren: Eine Taufe war verweigert worden. Ich kleidete die Geschichte in Verse und gab sie an eine religiöse Zeitschrift weiter. Dort wurden sie als eine Art Leserbrief veröffentlicht:
Ein Priester spricht zum Paar, zum Mann, zur Frau: / Ihr seid, wie es vorgeschrieben ist, kirch-

lich nicht getraut. / Also ist eure Tochter ein Kind sehr schwerer Sünde. / Für die Taufe gibt es deshalb jetzt keine guten Gründe. / Was hat sich der hochwürdige Herr im Talar dabei gedacht? / Er hat doch seine Kirche um eine lebenslange Kundin gebracht. / Vermutlich zeigen die Eltern darauf deutlich ihre Hinterseite, / wenn das alles so weitergeht, ist die Kirche schnell pleite!
Auch der Vater reagiert heftig: „Sind Sie mit Ihrer Selbstgerechtigkeit schon so sicher und weit? Durch die Taufe würde immerhin unser Kind von der Erbsünde befreit! / Übrigens hat es Ihr Gott im Himmel einfühlsam sehr gut gefügt, / die große Lust mir zu schenken, damit es auf Erden viele Kinder gibt. / Mit der Verweigerung der Taufe beweisen Sie nur Ihren großen Frust, / weil der aufgezwungene Zölibat blockiert Ihre allerkleinste Lust."

Gebet für ein ungeborenes Kind

Den Großeltern, wie sich gleich herausstellte, fehlten die Worte, so bewegt waren sie: „Unsere Tochter erwartet ein Kind, unseren Enkel. Der Frauenarzt sagte, er sei schwer behindert. Wir haben uns als Familie fast zur Abtreibung entschlossen. Was sagen Sie?"
Ich sagte: „Lasst das Kind auf die Welt kommen, sein Lachen wird euch entschädigen." Dann zitierte ich Tagore: „Jedes Kind, das in unsere Welt

geboren wird, bringt von Gott die Botschaft mit, dass er an der Menschheit nicht verzweifelt." Anschließend sprach ich mit den werdenden Großeltern dieses Gebet, das wir in der Gemeinde als Gebetskärtchen verwendeten:

„Leben spendender Gott, du hast durch unsere Liebe neues Leben in uns geweckt. Wir zählten die Wochen und Tage, spüren das Wachsen, warteten auf Bewegung, erfuhren das Neue wie ein großes Geschenk. – Öffne uns für das Kommende, dass es in unseren Herzen zärtlich aufgehoben sei. Wir wollen dieses Kind annehmen und zugleich loslassen für sein Wachsen und Reifen und eigenes Menschsein. Unsere Liebe gilt diesem neuen Leben ..." Die Großeltern nahmen das Gebetskärtchen mit und meinten: „Dieses Gebet muss auch unsere Tochter sprechen, dann wird alles gut."

Gut acht Wochen später stand das Paar wieder vor der Tür. Sie überreichten mir eine große Geldspende und sagten: „Ein Wunder! Das Kind ist ohne größere Behinderung zur Welt gekommen. In Dankbarkeit wollen wir das Geld spenden. Haben Sie einen richtigen Verwendungszweck?"

„Ja", sagte ich mit großer Freude, „das Babyhospital zu Bethlehem. Es betreut Hunderte Kinder aus ganz Palästina." Ich nahm den sehr großen Geldbetrag und bedankte mich bewegt: „Ich wünsche euch allen Gottes Segen. Für euch und dieses Kind. Habt ihr schon einen Namen gefunden?" „Franziskus, nach dem neuen Papst", antworteten sie wie aus einem Mund.

Zufällig hatte ich für das kommende Jahr mit der Gruppe unserer Gemeinde eine Fahrt in das Heilige Land geplant. Da hatte ich doch die Gelegenheit, das Geld persönlich zu überbringen. Ich wurde zur Chefärztin vorgelassen. Es stellte sich heraus, dass sie in Würzburg, im missionsärztlichen Institut, studiert hatte. Bei ihr war ein Palästinenser mit einem Jungen auf dem Schoß. Die Ärztin erklärte, über drei Monate wurde das Kind wegen eines Nierenleidens behandelt und gesund gemacht. Der Vater wolle jetzt eine quittierte Rechnung, damit er vor seinem Stamm bestehen könne. Nie und nimmer könne er für die Kosten aufkommen. Sie sah auf das Geld in meinen Händen und übergab dem Vater eine Quittung. Ich darauf: „Ich sehe, die Spende ist an der richtigen Stelle angekommen."

Außergewöhnliche Hochzeiten

Der große Zulauf zu unserer Gemeinde erfreute mich sehr, ärgerte aber andere. Ich denke, dass vor allem meine Nähe zu den Menschen dafür der Antrieb war. Wünsche, die an mich herangetragen wurden, suchte ich zu erfüllen, in Gottes Namen, wie ich manchmal durchaus auch seufzend sagte, schließlich dann doch seelsorgerlich nach meinen Möglichkeiten begleitete.
Zu den besonderen Wünschen zählten Trauungen nicht nur in Kirchen oder Kapellen, sondern dort, wo die Liebe entstanden war, sich zwei in Liebe gefunden hatten. Entsprechend formulierte ich Leitsätze für die besondere Situation, die ich dem Paar dann mitgab.
So etwa für eine Trauung in einem Heißluftbal-

lon: „Die Freude an der Liebe ist das, was das Gas für den Ballon ist. Sie macht leicht und hebt über alles."

Bei einer Schifffahrt den Main entlang: „Man darf das Schiff nicht an einen einzigen Anker hängen, das Leben nicht an eine einzige Hoffnung. Was zählt, ist die Liebe. Sie schenkt Sicherheit und Zuversicht."

Oder in einem Garten, der wie ein kleines Paradies war: „Alles, was gegen die Natur ist, hat auf Dauer keinen Bestand. Die Natur lehrt der Liebe, sich Zeit zu lassen, bis alles zum Blühen und Reifen kommt."

An einem Gipfelkreuz auf 3000 Meter Höhe: „Alles Wasser kommt von den Bergen, die Liebe aus dem Herzen, damit lässt es sich leben."

Unter einem uralten Baum in der Rhön: „Bäume sind wie Gedichte, die unsere Erde in den Himmel schreibt. Die Liebe ist wie ein schöner Roman, der für immer bleibt."

In einer kleinen Kapelle am Waldesrand: „Der eine Gott sagt: ‚Ich bin die Liebe'. Viel göttlicher ihr, denn ihr seid zwei."

An einer Kletterwand: „Wer gut im Klettern sein will, muss so viel als möglich klettern. Wer liebt und das auf Dauer, wiederholt sich nicht, denn er ist schon ganz oben."

Immer auf dem Weg – Reisen und Abenteuer

Gott braucht keine Kirchen,
Moscheen und Kathedralen.
Er will in dir,
deinem Herzen wohnen.
Geh in dich,
du findest, was du suchst.

Meine Leidenschaft: Wandern

Ich bin in diesen Jahren vielen Menschen begegnet und habe sie in Freud und Leid nicht zuallererst kirchlich, sondern mitmenschlich und freundschaftlich begleitet. Meine Leidenschaft war das Wandern, deswegen bin ich den Jakobusweg nach Santiago de Compostela gegangen. Die Erlebnisse habe ich in „Lautlos wandert der Schatten" aufgeschrieben. Wunderbare Erlebnisse auf dem Weg, die mich lange prägten und unterwegs sein ließen, wenn mich jemand festhalten wollte.

Als Pilger unterwegs

Santiago de Compostela: Wer das große Ziel vor Augen hat, muss die vielen auch kleinen Wege gehen. Die Wege entstehen, wenn wir sie gehen. Unterwegs begleitete mich an den Rändern die himmelblau blühende Wegwarte. Die frühen Pilger benutzten sie, wenn sie mit der Verdauung Probleme hatten oder wegen einer Erkältung Fieber. Für die Teebereitung gibt es bei jedem Bauernhof oder einer Herberge am Weg heißes Wasser. Die Wegwarte wurde wegen ihrer Heilkraft bald Zauberkraut genannt. Erst nach meiner Heimkehr erfuhr ich, dass in den Kriegsjahren ihre gerösteten Wurzeln als Kaffeeersatz genutzt wurden.
Der Pilgerweg zum Apostel Jakobus: Mehr als 500 Kilometer durch Frankreich und Spanien bis zum Kap Finisterre, das von den Europäern lange als

das Ende der Welt angesehen wurde. Nach 42 Tagen der Pilgerschaft konnte ich, wie es Brauch ist, den Apostel hoch über dem Altar der Kathedrale umarmen. Mich erfreute und bestärkte unterwegs ein oft gehörtes Ultreia, das ist ein Zuruf für die Pilger, der wünscht: „Immer vorwärts immer aufwärts. Gott helfe. Wenn du gehst, findest du Menschen auf dem Weg, vor allem findest du dich selbst. Suche, woher du kommst und wem du Rechenschaft geben musst. Bedenke auch, wenn die Füße nicht mehr wollen, macht sich der Geist auf und davon. Himmelstürmend ragt die Kathedrale wie ein himmlisches Jerusalem mitten unter uns: Bilder verschlüsseln, Zeichen entschlüsseln die Sehnsucht nach mehr. Torlose Mauern, verschlossene Tore und Türen, gekreuzte Gänge, Höfe des Friedens. Der Pilger muss weiter, die Sehnsucht im Herzen, nach Jerusalem, nach mehr, vielleicht wieder Santiago. Hier ist der Himmel weit offen."

Durch die Alpen

Mit Dankbarkeit und großer Freude erinnere ich mich daran, dass ich die europäischen Alpen von der Schweiz bis nach Österreich durchwandern konnte. Unterwegs habe ich etliche Gipfel besteigen, manchmal auch erklimmen können. Etliche Zweitausender waren dabei. Zu meiner Ausrüstung gehörten ein Schlafsack, ein Eispickel und ein Bergseil. Damit habe ich einen Bergsteiger, der über einen Felsblock ziemlich tief abgestürzt war, wieder auf den Steig zurückbringen können.

Ein andermal holte ich einen jungen Mann, der in der Silvretta in eine Gletscherspalte gefallen war, aus der lebensgefährlichen Lage heraus. Mit schönen Erfahrungen beschenkten mich die Berge.

Begegnungen unter Hirten

Auf einer Spitze begegnete ich dem Bischof von Innsbruck und fragte: „Sie sind doch Bischof Stecher?" Er darauf: „Ja, aber ich habe noch niemand bestochen." Von ihm stammt das wunderbare Wort: „Viele Wege führen zu Gott, einer über die Berge." Diese Erfahrung ist mir ein Leben lang geblieben. In den Bergen gab es auch viele Gelegenheiten zur Freude und zum Lachen. Beim Aufstieg vom Lechtal aus zur Rosengartenspitze in den Dolomiten, die immerhin 3000 Meter hoch ist, überholte mich eine Gruppe, an deren Spitze – ich erkannte ihn sofort – Julius Kardinal Döpfner ging. Zugleich kam uns ein Hirte mit seiner Schafherde entgegen. Döpfner wollte jovial sein und fragte ihn, wie viele Schafe er habe. „So ungefähr 50", antwortete der Schäfer. Darauf Döpfner: „Dann habe ich doch glatt das Sechzigfache in meiner Herde!" Darauf der Hirte: „Dann verdienen Sie auch das Sechzigfache wie ich!" Der Kardinal hob abwehrend beide Arme, schüttelte den Kopf und erklärte: „Nein, keinesfalls!" Der Schäfer darauf: „Dann sind Sie aber kein guter Hirte!"

Ein moderner Münchhausen

Auf einer Hütte am Rande eines Gletschers trafen sich alle, die hier eine Unterkunft gefunden hatten, in der Gaststube. Nach einer Erholungspause kamen wir hinzu und fanden noch drei Plätze. Dort gab ein Mann den Ton an und ließ niemanden zu Wort kommen. Er erzählte von seinen Erlebnissen in den Bergen. Besonders gefährlich sei es gewesen, als er beim Überqueren des Gletschers in eine Spalte gefallen sei. Tief unten habe er aus dem Rucksack einen Kocher geholt und sich einen Tee gekocht. Großes Staunen in der Hütte, bis der Sohn der Wirtin dem Redner eine Schachtel mit Bergkristallen zeigte. Der war erstaunt über die schönen und sehr wertvollen Steine und fragte den Jungen, wo er die denn gefunden habe. Wie aus der Pistole geschossen sagte der Junge: „In deiner Gletscherspalte!" Großes Gelächter und der Dauerredner schwieg fortan, wir hatten einen ruhigen Abend.

Wanderer im Heiligen Land

Meine Erfahrungen mit Jesus haben mich dazu gebracht, mit Gruppen unserer Gemeinde das Heilige Land zu besuchen. Als ich zum 25. Mal in Bethlehem war, empfing mich der dortige Bürgermeister, der davon erfahren hatte, und machte mich zum Ehrenbürger des Geburtsortes Jesu, indem er mir einen silbernen Ring mit einem Davidsstern überreichte. Ein Jahr später erfüllte ich mir einen weiteren Wunsch. Ich wollte Jesu besonderen Spuren folgen und wanderte den Jordan ab seiner Quelle bei Banias bis zu seiner Mündung ins Tote Meer. Zuvor umrundete ich den See Genesareth.

In einem peruanischen Bergdorf

Vor Jahren besuchte ich in der Nähe des Titicacasees in Peru ein Bergdorf von Einheimischen. Die Alcalde, das ist die Bürgermeisterin, fragte mich bei der Begrüßung, ob ich eine Taufstola habe? Auf mein „nein" hin sagte sie: „Aber bis morgen früh hast du eine." Ich schlief auf Stroh in einer Scheune. Über Nacht machte die Indianerin aus selbst gewebter Lamawolle ein Prachtexemplar mit farbig bestickten Szenen spielender Kinder, fischenden Inkas und Hausfrauen bei der Arbeit. Gleich danach taufte ich eine ganze Schar von Kindern. Ihre Eltern hatten mit der Taufe gewartet, bis endlich wieder ein Priester in das Dorf kam. Bis heute verwende ich diese besondere Stola bei Taufen und erzähle die dazugehörende Geschichte.
Am Nachmittag wurde ich in die Runde zu einem Bibelgespräch eingeladen. Etwa achtzig Männer und Frauen hatten sich in der Hütte, deren Dach mit Stroh gedeckt war, unter dem Wort Jesu „Wenn ihr nicht werdet wie die Kinder, werdet ihr nicht in das Reich Gottes kommen" versammelt.

Sie erfüllten auch sein anderes Wort: „Wo zwei oder drei in meinem Namen beisammen sind, bin ich mitten unter ihnen." Ich war beeindruckt, mit wie viel Engagement und Freude sich alle beteiligten. Nach dem Bibelgespräch stellte die Alcalde zwei Kerzen auf den Tisch in unserer Mitte, dann brachte sie Brot und in einem silbernen Kelch Wein. Mir stockte das Herz, jetzt war ein Priester gefragt. Zum Glück sprach ich weder Spanisch noch die Landessprache Quechua. Die Bürgermeisterin nahm das Maisbrot und sprach, wie konnte es anders sein, die Worte Jesu: „Nehmt und esst alle." Dann nahm sie den Kelch und sprach die geläufigen Worte Jesu: „Nehmt und trinkt alle. Ich bin dieser Wein, er ist mein Leben, das ich für euch alle hingegeben habe." Alle aus der Runde gingen nach vorn, brachen sich ein Stück Brot ab, aßen, nahmen dann den Kelch und tranken daraus. Danach wurden sie von der Alcalde umarmt. Auch ich ging an den Tisch und nahm Brot und Wein. Noch nie hatte ich eine so bewegende Eucharistiefeier erlebt, meine Primiz eingeschlossen.

Improvisierter Gottesdienst

Es war ein Sonntagnachmittag: Wir waren auf einer Alphütte beisammen, da kamen so an die 40 Mann, Bergwanderer, der Montanara-Chor aus dem Trentin in Italien, wie sich später herausstellte. Nach einem heftigen Graupelschauer, der die umliegende Landschaft in graues Weiß hüllte, fanden die Männer Platz auf unserer Hütte. Sie

lagerten auf dem Boden. Der Kachelofen spendete freundschaftliche Wärme. Ich stellte mich vor: ein Pfarrer aus Deutschland. „Da können wir ja noch Gottesdienst feiern", sagte der Leiter des Chores. „Heute ist Sonntag!"
„Ich habe für den Gottesdienst nichts dabei", antwortete ich. „Aber gut, wir kriegen das schon hin." Emmi, die Wirtin, brachte ein Glas, das ihr für die Feier geeignet schien. Auf dem Glas war geschrieben: „Ein Schluck Wein ist ganz gewiss ein Vorgeschmack aufs Paradies." Doch ein großer Bierkrug mit Goldrand schien uns für die Feier geeigneter. Zensi, die Sennerin, brachte eine Flasche Wein. „Rotwein", sagte sie, „der Rest von der Feier gestern Abend. Geht das? Das Brot mit Sauerteig habe ich erst gestern gebacken. Es ist zwar nicht nach den Vorschriften ..." – „Schon gut", meinte ich. „Brot ist Brot."
Der Gottesdienst sollte in der großen Scheune stattfinden. Die Älpler aus den umliegenden acht Hütten kamen mit ihren Frauen und Sitzkissen. Auf den Bänken vom letzten Fest nahmen alle rund um den als Altar weiß gedeckten Tisch Platz. Zwei Totenkerzen wurden darauf gestellt. „Der Mensch braucht Brot, Wein und Liebe" zitierte ich aus der Schweinfurter Allerweltsmesse. Bei dieser Allerweltsmesse sind die aktuellen Texte für die monatlichen Jugendgottesdienste mit Liedern und Melodien aus aller Welt unterlegt: aus der Türkei, Tschechien, Lateinamerika, Peru, Türkei, Israel, Irland, Russland, Deutschland. Da alle Lieder schnell mitgesungen werden konnten, wurde zusammen mit Gebeten und Meditatio-

nen die ganze Welt in den Gottesdienst gebracht. Zufällig hatte ich auch die Liedblätter vom letzten Jugendgottesdienst im Rucksack, die Männer des Chores nahmen den Text und die Melodie schnell an. Ich erzählte den Anwesenden die Geschichte der Brotvermehrung aus der Bibel: „Wenn jeder gibt, was er hat, dann werden alle satt." Und von der wundersamen Verwandlung von Wasser in Wein zu Kana in Galiläa.

Ich nahm den Krug, der bis an den Rand gefüllt war, und sprach: „Nehmt, es ist der Kelch des Heiles, und trinkt alle daraus, das ist mein Leben. Ich habe es für euch hingegeben. Wenn ihr trinkt, tut das zu meinem Gedächtnis."

Dann nahm ich den Korb mit Schwarzbrot, gefüllt mit mundgerechten Stücken, und sagte: „Seht das Brot des Lebens, nehmt und esst alle, das bin ich, Jesus. Wenn ihr esst, dann denkt daran, was ich für euch getan habe."

Sichtlich bewegt kamen die Männer und Frauen. Sie nahmen einen Schluck Wein und kehrten mit einem Stück Brot auf ihren Platz zurück. Wir sangen noch einmal: „Der Mensch braucht Brot, Wein und Liebe." „Und so bringen wir Brot und wir bringen die Trauben und wir opfern sie hier, und wir teilen die Liebe, dann wird wachsen der Glaube zu dir, unserem Vater. Und wir bringen uns selbst, und wir stehen voll Vertrauen, wir sind Opfer und Wandlung, dann wird reifen die Liebe, dann wird wachsen der Glaube an dich, unseren Vater. Und wir leben das Leben in der Kraft dieser Speise, doch wir suchen nach mehr auf dem Weg zur Vollendung von Liebe und Glauben, bei dir,

unserem Vater." (aus: Schweinfurter Allerweltsmesse)
Ein kurzes Segenswort für alle Teilnehmenden zum Schluss: „Seid gesegnet vom Kopf bis zu den Füßen, von rechts nach links, damit ihr zum Segen werdet." Zaghafter Beifall kam auf. „Das war endlich ein Gottesdienst!", sagte einer aus der Runde und der Beifall verstärkte sich.

Erfindungsreich Kirche sein

Arm ist das Land,
das voller Träume ist,
aber ohne Taten.

Der persönliche Draht

Ich war häufig erstaunt, wie viele Jugendliche unserer Einladung zur Vorbereitung auf die Firmung folgten. Ich kannte sie bald alle mit Vornamen und versuchte, die Bedeutung ihrer Namen herauszufinden, um sie ihnen als Impuls für das Leben mitzugeben. In den wöchentlichen Runden mit den Jugendlichen entstand eine Schrift mit dem Titel „Christsein, der neue Weg beginnt jetzt", die ich nach der Firmung allen schenkte.

Wichtig war mir immer die Botschaft, dass Gott nicht ohne den Menschen sein kann. Auch das soll die christliche Religion durch Mitmenschlichkeit zum Ausdruck bringen. Sie stellt so die Kommunikation zwischen Gott und den Menschen her. Von Jesus heißt es deswegen, dass er das Wort Gottes ist.

Weil das Bekenntnis so wichtig ist und das ganze Leben prägen soll, so erklärte ich den Jugendlichen, spendet nur der Bischof dieses Sakrament, wahrscheinlich am Pfingstmontag. Einmal sagten zwei der Firmlinge – sie hatten sich offenbar vorher abgesprochen –: „Wir kennen den Bischof nicht und er kennt uns nicht, deswegen wollen wir beide uns nicht vom Bischof firmen lassen. Was ist da zu tun?" Ich antwortete: „Ihr kennt mich und ich kenne euch. Also werde ich euch am Pfingstmontag im Gottesdienst der Gemeinde die Firmung spenden. Ich freue mich darauf. Ich freue mich auf euch!"

Mitgefühl zeigen und Hoffnung schenken

In einer Stadt, die drei Friedhöfe hatte, war ich herausgefordert, den Trauernden bei den Gesprächen zur Vorbereitung des Abschieds Mitgefühl zu zeigen und Hoffnung zu schenken. Ich wurde auch gebeten, für die Todesanzeige oder das Gedenkbildchen Texte zu verfassen.
Immer häufiger wurde ich zu Abschiedsfeiern in den nahen Friedwald gebeten. Die Urnen wurden zu Füßen der Bäume bestattet. Auch die Liturgie war anders als gewohnt, denn sie sollte natürlich zu dieser besonderen Umgebung passen. Daraus ist mein Büchlein entstanden „Wie ein Baum vor dir, mein Gott". Fast dreißig solcher Gebete durch ebenso viele Bäume sind darin zusammengefasst: „Ein Baum, der seine Wurzeln verleugnet, kann dem Wind und dem Wetter nicht trotzen."

Die „Gemeindewerkstatt" entsteht

Ein wichtiges Prinzip unserer Gemeinde ist: Wer einen guten Vorschlag macht, kann und soll ihn verwirklichen. Nach den aufwändigen und doch ziemlich erfolglosen Wahlen zum Pfarrgemeinderat – nur wenige Menschen aus der Gemeinde hatten abgestimmt – kam der Vorschlag, im Sonntagsgottesdienst aufzufordern, wer künftig in der

Gemeinde mitarbeiten wolle, möge sich anschließend zu einem Foto im Innenhof aufstellen. Was ich nicht zu hoffen gewagt hatte: Gut ein Dutzend Frauen und Männer versammelten sich nach dem Gottesdienst. Das monatliche Treffen dieser am Gemeindeleben Mitwirkenden nannten wir Gemeindewerkstatt.

Löwenzahn und Lebensküche

In der Gemeinde sorgten wir uns auch um Jugendliche, die keine Arbeit fanden, weil sie körperlich und seelisch behindert waren. Wir brachten sie gemeinsam im sogenannten Brückenhaus mit entsprechender Betreuung unter. Um für sie Arbeitsplätze zu schaffen, gründeten wir das Restaurant „Löwenzahn", dem die „Lebensküche" angeschlossen ist. Beide haben Angebote, die nicht gerade ortsüblich sind, aber vielleicht deswegen großen Zuspruch fanden.

„Der kleine Bischof"

Mein Buch „Der kleine Bischof" wurde zu einem Bestseller, das in 15 Auflagen erschienen ist. Es ist aus meiner freundschaftlichen Beziehung zum französischen Bischof Jacques Gaillot entstanden und sollte zeigen, dass auch andere Bischöfe denkbar sind.
Er, der 13 Jahre Bischof war, wurde wegen seiner

Offenheit und Kirchenkritik 1995 seines Amtes enthoben. Mein Roman versucht, einen Bischof darzustellen, wie ihn sich die Leute wünschen und wie er dringend von der Kirche gebraucht wird. Zunächst erschienen die Erzählungen in Fortsetzungen im wöchentlichen Gottesdienstblatt, sodass die Leser gelegentlich auch Vorschläge und Gedanken einbringen und dadurch an der Geschichte mitwirken konnten. Der Roman zeichnet das erste Jahr dieses fiktiven Bischofs nach, erzählt von seinen Träumen und Hoffnungen, berichtet aber auch von Intrigen und Schwierigkeiten, die den Bischof in die dunkelsten Stunden und Tage seines Lebens begleiteten. Schließlich sagt er zu sich selber: Nach jedem Karfreitag gibt es ein Ostern.

Die Interviews im Roman, die Gedanken und Predigten des Bischofs nicht nur zu Fragen der Sexualmoral sind von einer ungewohnten Offenheit. Viele Menschen haben sie als Wegweisung hilfreich gefunden. Da ist ein Bischof, der am Rande einer Stadt in einer Mietwohnung wie ein Durchschnittsbürger lebt und den unmittelbaren Kontakt zu den Menschen, zu Gläubigen und Ungläubigen, zu Gescheiterten und Hoffenden sucht. In einer verständlichen Sprache verkündet er die alten Wahrheiten des Evangeliums und lebt überzeugend die Botschaft Jesu.

Das Buch wurde auch in den Ordinariaten gelesen und meistens durchaus richtig auf Jacques Gaillot bezogen. Ihm wurde in verschiedenen Diözesen der Auftritt verboten, so auch in der meinen, als er bei uns in St. Michael Gottesdienst feiern wollte.

Aus Speyer bekam ich zu dieser Zeit einen Anruf: „Ich habe deinen Bischof hier auf der Straße gesehen", sagte mir einer. Meine Antwort: „Das interessiert mich nicht." – „Aber wenn ich dir sage mit wem, nämlich mit Jacques Gaillot." Da klingelte es bei mir. Mein Bischof wollte dem Franzosen jeglichen Auftritt, auch in meiner Gemeinde, verbieten.

Ich nutzte meinen guten Kontakt zum Bayerischen Rundfunk aus und bat, in den nächsten Nachrichten diese Meldung zu bringen: Der Würzburger Bischof hat Jacques Gaillot ausgeladen. Schon in den Abendnachrichten war diese Meldung zu hören und weckte nicht wenige Christen im Bistum auf. Um alledem zu entgehen, traf ich mich mit ihm im Fürstentum Liechtenstein. Unsere Firmbewerber, es waren immerhin 14, begleiteten mich, und Jacques Gaillot firmte sie in der Kapelle eines Klosters.

Eigene Worte finden

Die Schwächen unserer Gottesdienste, meist wenig sagende Formeln, veranlassten mich, neue Worte zu finden. In Vorgesprächen holte ich jeweils die Zustimmung der Gemeinde ein. Anschließend wurden die Texte meist auf Kärtchen zum Mitsprechen verteilt.

Zum Beginn der Zuruf: „Der Herr sei mit euch!"
Die Antwort der Gemeinde: „Er ist mitten unter uns."

Vor der Austeilung der Kommunion sagten wir:
„Seht das Brot des Lebens und den Kelch des Heiles, Jesus Christus hat die Sünde weggenommen und uns den Frieden gebracht:
Du bist das Licht, das unsere Dunkelheit hell macht.
Du bist das Leben, das unseren Tod überwindet.
Du bist die Liebe, die uns leben lässt. Dein Wort macht uns gesund."

Mit der Kraft des Rosmarins

Die Verwaltung des Krankenhauses, etwa fünf Kilometer entfernt, rief an: „Bitte kommen Sie so schnell wie möglich! Sie werden auf der Geriatriestation erwartet."
Ich nahm das Fahrrad und kam einigermaßen erschöpft im Krankenhaus an. Im Halbrund des Vorraums der Geriatrie saßen an die 40 Frauen und Männer.
„Die Herrschaften wünschen die Krankensalbung", sagte die Stationsschwester.
„Das hat mir niemand gesagt, sonst hätte ich das Öl mitgebracht. Aber jetzt nach Hause fahren und zurück, das dauert zu lange. Habt ihr Öl hier?"
„Ja", sagte die Schwester. „Olivenöl für die Massage, aber vermischt mit Rosmarin und Ringelblume."
„Gut", sagte ich, und die Schwester goss das Öl in eine Kristallschale. Ich betete: „Dieses Öl, das wir für die Krankensalbung bereiten, sei gesegnet."
Wieder wie zufällig hatte ich für eine Taufe noch

eine besondere Ölmischung in der Tasche und vermischte es mit dem Öl in der Schale und sagte: „Die Beständigkeit des Rosmarin und die Lebenskraft der Ringelblume soll die kranken und alten Menschen bestärken."
Ich legte dem ersten Patienten die Hand auf den Kopf und den anderen: „Sei gesalbt mit dem Öl des Heiles, mit der Kraft von Olive, Rosmarin und Ringelblume. Das Erbarmen und die Liebe Gottes soll dich begleiten durch die Krankheit und das Alter hindurch. Gottes liebende Zuwendung umfange dich von oben bis unten, von rechts nach links. Sei so gesegnet, damit du ein Segen bist für alle, die du liebst. Alle unsere guten Gedanken und Wünsche begleiten dich!" Nach der Salbung sangen wir ein Lied, das alle auswendig kannten: „Großer Gott, wir loben dich."

Lebensnahe Erstkommunion

Die Runde der Kinder, die in diesem Jahr ihre Erstkommunion feiern wollten, war groß. Längst hatten sie, jedes Kind für sich, zusammen mit den Eltern den Sonntag ausgesucht, an dem die Kommunionfeier stattfinden sollte. Damit gab es keine große Masse mehr, keine großen Übungen für den Ablauf des Gottesdienstes; vor allem die lästige Kleiderfrage war gelöst: Jedes Kind kam so, wie es ihm gefiel, ein Junge sogar in der Kluft seines Fußballvereins.
„Von Papi und Mami, soll ich fragen, wie es mit der Nüchternheit ist", sagte Monika. Meine Ant-

wort: „Gegen eine Tasse Tee oder Kakao und eine Kleinigkeit zu essen ist nichts einzuwenden. Klar, dass man nicht allzu üppig isst. Dafür ist das festliche Mahl am Mittag gedacht."
„Was ist, wenn der Papi nicht zur Kommunion geht? Er sagt, das darf er nicht!" – „Sag deinem Papi, er soll mit mir in den nächsten Tagen reden. Wir regeln das schon." Das Gespräch verlief so, dass er mit seiner Tochter gemeinsam zur Kommunion ging.

Hochzeit gerettet

„Die Eltern meines Mannes kommen nicht zu unserer Trauung", sagte die Braut beim Traugespräch ziemlich enttäuscht. Wir redeten gerade über das Trauwort, das sich das Paar ausgewählt hatte:

> Wer den anderen liebt,
> lässt ihn gelten, wie er war, wie er ist,
> und wie er sein wird. (Michel Quoist)

Am Nachmittag saß ich mit Reinhold und Ilse aus unserem Wohnviertel, den Eltern des jungen Mannes, bei einer Tasse Kaffee beisammen. „Ich höre, dass ihr beide nicht zur Trauung der jungen Leute kommen wollt. Überlegt euch gut, was ihr tut, es ist hinterher nicht mehr gutzumachen. Wenn Kinder kommen und damit eure Enkel, werdet ihr kaum Kontakt zu den Eltern haben können. Wenn ihr euch überwindet, werdet ihr euch viel Leid und Ärger ersparen. Gibt es einen Grund, warum ihr nicht kommen wollt?" Ilse sagte: „Wir beide sind nicht verheiratet. Wir können es auch nicht, Reinhold ist geschieden."

Ich antwortete: „Lasst das mal meine Sorge sein. Bis zum Hochzeitstag des jungen Paares traue ich euch, so oder so, wenn ihr beide das wirklich wollt." Gesagt, getan: Ilse und Reinhold sind heute ein glückliches Paar. Bei der Hochzeit der jungen Leute saßen sie Hand in Hand in der ersten Bank. Sie fühlten sich wie richtige Eheleute. Ach, es ist gut, wenn sich nicht jeder Pfarrer an die Vorschriften der Kirche hält: Was weiß die Kirche schon von der Liebe? Oder um es mit Michel Quoist zu sagen: „Wenn du in deinem Leben Erfolg haben willst, lege die Vergangenheit in die Hände Gottes zurück, überlasse ihm die Zukunft und lebe jeden Augenblick, wie er kommt, in Fülle."

Menschen begleiten

Zu meinem Leben gehört auch, dass ich Leid, Freude und Schicksal jener begleiten wollte, denen ich beispielsweise durch die Spendung eines Sakramentes nahegekommen war. Das macht auch die Stärke, die Beliebtheit und Anziehungskraft unserer Gemeinde aus.

Einmal im Jahr haben wir die vielen Paare, die von mir getraut wurden, zu einem Erinnerungsgottesdienst, bald scherzhaft Ehe-TÜV genannt, eingeladen. Ebenfalls jährlich kamen Tausende Motorradfahrer zu ihrem Bikergottesdienst mit anschließender Segnung zusammen.

Damit Frieden einkehrt

Sie füllten das kleine Sprechzimmer bis an den Rand. Fünf junge Männer, Söhne eines Verstorbenen, wie sich gleich herausstellen sollte. „Wir sind gekommen, um zu fragen und zu bitten, ob sie die Trauerfeier und die Beerdigung unseres Vaters am kommenden Freitag übernehmen können", sagte einer von ihnen.

Nach meiner spontanen Zusage brach es aus ihnen nur so heraus: „Unser Vater war ein mieser Kerl, ein ganz übler Erpresser. Was er haben oder verhindern wollte, setzte er mit der Drohung durch: Wenn nicht, dann bringe ich mit um! Auch seine Freundin, unsere Mutter, hat er so zur Hochzeit mit ihm gezwungen. Uns alle, ob wir nun in Paris studieren oder eine Arbeitsstelle im Norden Deutschlands annehmen wollten, hat er auf diese Weise im Hause gehalten. Wir konnten seine Worte „sonst bringe ich mich um" schon gar nicht mehr hören! Seine Leiche hat man in der vergangenen Woche in einem See nahe unserer Ortschaft gefunden: Wir wissen nicht, ob es ein Unfall oder Selbstmord war."

Als die Söhne gegangen waren, war mir klar, dass das keine übliche Trauerfeier werden durfte. Gerade auf dem Friedhof musste Frieden für alle Beteiligten einkehren.

Die Trauerfeier begann mit der eingespielten Melodie „Näher, mein Gott, zu dir". Dann folgten ein Schriftwort und ein Psalm. Schließlich wurde die Melodie eines bekannten Liedes eingespielt: „Wo findet die Seele die Heimat, die Ruh? Nein, nein, hier sind sie nicht, die Heimat der Seele ist droben im Licht."

Als der letzte Ton verklungen war, rief ich die Söhne zum Sarg und überreichte ihnen, als sie kamen, einen Zettel. „Bitte legt eure rechte Hand auf den Sarg. Wir wollen unter der Vaterunser-Bitte ‚Und vergib uns unsere Schuld, wie auch wir vergeben unseren Schuldigern' beten: Jetzt sprecht!"

Wolfgang: „Vater, ich habe dich nie geliebt: Vergib mir, wie ich dir vergebe."

Theo: „Vater, ich habe dich gehasst: Vergib mir, wie ich dir vergebe."

Stefan: „Vater, ich habe dich vor allen Leuten lächerlich gemacht: Vergib mir, wie ich dir vergebe."

Kilian: „Vater, ich habe dich nur beschimpft: Vergib mir, wie ich dir vergebe."

Daniel: „Vater, ich habe von dir schlecht geredet: Vergib mir, wie ich dir vergebe."

Anschließend beteten wir gemeinsam: „Bruder, geh mit Gott der Auferstehung entgegen. Geh durch das Tor des Todes, das Leben heißt. Wir empfehlen dich der Güte Gottes. Wir lassen dich los, damit er dich an die Hand nehmen kann. In Gottes Hand lassen wir dich los, dort bist du geborgen für immer."

So versöhnt mit Gott und der Welt, konnten die Söhne den Vater zu Grabe, zu seiner letzten irdischen Ruhestätte geleiten.

Die Motorradgottesdienste entstehen

Am darauffolgenden Sonntag stand einer der jungen Männer mit seinem Motorrad vor dem Eingang zur Kirche. „Ich wollte mich und die Maschine segnen lassen, damit ich gut, beschützt und sicher fahren kann." Ich schwang mich, schon im Priestergewand, auf den Beifahrersitz und sagte: „Eine prima Idee, drehen wir doch gleich eine Runde in der Kirche." Unser Gotteshaus ist ein großer quadratischer Betonbau, in der Mitte eine Altarinsel, die sich leicht umfahren lässt. Also drehten wir unsere Runde. Beim dritten Mal standen die Gottesdienstbesucher auf und klatschten Beifall.
So entstand die Idee der Motorradgottesdienste. Den ersten feierten wir zum Beginn der Saison am ersten Sonntag im Mai. Wir waren erstaunt über die große Zahl der Maschinen, die unseren Innenhof füllten. Nach dem Gottesdienst wurden alle Biker, die in der Hauptstraße vor der Kirche in langer Schlange vorbeifuhren, gesegnet. In den folgenden Jahre gab es dann auch ein Erinnerungszeichen, zum Beispiel das Kreuz von Taizé, einen Schlüsselanhänger oder ein Brillenputztuch mit dem Bild eines Gottesdienstes: Jedes Jahr musste uns etwas anderes einfallen. Die Zahl der Teilnehmer stieg, gegen Ende der Saison zählte die Polizei sechstausend Motorräder, die auf dem nahen Festplatz der Stadt und im ganzen Viertel geparkt waren. Verständlich, dass auch das Jahr über Ge-

spräche geführt wurden, weil die Motorradfahrer ihre Anliegen hier gut aufgehoben wussten.

Der Ehe-TÜV

In der Gemeinde stieg die Zahl der Trauungen ständig an. Nicht selten waren es drei und mehr in einem Monat. So ging es weiter nach oben. Ein Freund von mir machte aus Stahlstangen ein Geflecht, das er an einer Betonwand in unserem Innenhof anbrachte. Den Paaren wurde vorgeschlagen, nach der Trauung unter meiner Begleitung dort ein Hängeschloss mit ihren Vornamen und dem Datum der Trauung anzubringen. Bald hingen hundert und mehr Schlösser an diesem von vielen bewunderten Zeichen.

Von einem Paar kam die Idee, ein Erinnerungsfest an ihre Trauung zu feiern. Der später sogenannte Ehe-TÜV war entstanden und wurde bald einmal im Jahr einberufen. Er bestand in einem besonderen Gottesdienst, der die Paare vor eine Überprüfung ihrer Partnerschaft stellte. Ein Fest schloss sich im Innenhof an. Die Eheleute brachten zum gemeinsamen Mittagessen einen Salat oder Ähnliches mit. Bald brauchte es eine sehr lange Tischreihe, um alles einladend aufzustellen. Jeder konnte sich davon bedienen, für die Grillsachen und die Getränke sorgte die Gemeinde.

Gebete und Gedanken

Immer wieder habe ich, angeregt durch Begegnungen, Gebete aufgeschrieben, die ich meist den Betroffenen selbst gegeben habe mit dem Versprechen, mit diesen Worten auch für sie zu beten. Neben solchen persönlichen Gebeten für Einzelne habe ich häufig auch Gebetsgedanken als Postkarten verteilt oder an unserer Kirchentür angebracht. Solche Gebete sollten für Menschen aus der Gemeinde oder für zufällige Kirchenbesucher eine Anregung sein, sich mit eigenen Glaubensfragen, Problemen oder Anliegen auseinanderzusetzen – und sie dann auch ins persönliche Gebet mit hineinzunehmen. Ein paar dieser Gebete finden Sie im letzten Kapitel dieses Buches. Interessanterweise wurde diese Idee von anderen Menschen aufgegriffen, und in der Folgezeit habe ich selbst an der Kirchentür und anderswo ähnliche Gebetszettel gefunden.

Der „1001 Christenpreis" der Gemeinde St. Michael

Nach einem Sonntagsgottesdienst im Jahr 2000 unter dem Thema „Der Mensch, Gottes Vision. Unsere Vision, das Reich Gottes" entstand in der Gemeindewerkstatt eine breite Diskussion zu den Problemen jener Männer und Frauen, denen die Kirche, zumeist durch den Ortsbischof, den Mund verbieten wollte, weil sie ganz im Sinne von Propheten Kritisches zu sagen wagten und sich dabei vor klaren Worten nicht scheuten. Es ging um den Zölibat und um die Frau in der Kirche. Es wurde in dieser Runde der Vorschlag gemacht, durch besondere Aktionen und die Mobilisierung der Öffentlichkeit, am besten über die Presse, diesen Persönlichkeiten den Rücken zu stärken und ihnen Mut zu machen, bei ihren Vorschlägen trotz der zum Teil massiven Widerstände zu bleiben.

Eine Idee war geboren, und schnell war ein Name dafür gefunden: „1001 Christenpreis für Mut und Zivilcourage in der Kirche". Mit diesem Preis wurden Frauen und Männer geehrt, denen wir durch eine besondere Auszeichnung und Anerkennung gegen eine sich machtvoll aufführende Kirche beistehen wollten. Sie wurden in Versammlungen und Predigten der Gemeinde vorgestellt. In dieser Öffentlichkeit wurde der Finger auf die vor allem von Bischöfen gemachten Wunden gelegt. Zu jeder Persönlichkeit, die ausgewählt war, wurden nähere Informationen zusammengestellt, die allen in der Gemeinde zur Verfügung standen. Dadurch fühlten sich auch andere Gemeinden im Umland angesprochen. Dann wurden Listen ausgelegt, auf denen man im Fall der Zustimmung unterschrieb und zugleich für das Preisgeld, das jeder Kandidat erhalten sollte, eine D-Mark, nach der Umstellung einen Euro spendete.

Als Ziel hatten wir, bezogen auf die Größe unserer Gemeinde, 1001 Stimmen erwartet, die nach wenigen Wochen erreicht wurden, um uns für das nicht ganz leichte Unternehmen Mut zu machen. Die sechs Kandidaten wurden durch Anschreiben informiert. Alle haben zugestimmt. Die Preisverleihung erfolgte in einem auch musikalisch besonders gestalteten Gottesdienst. Die Gewählten wurden gebeten, die Predigt zu halten. Erstmals in der Geschichte unserer Gemeinde predigten damit zwei Frauen. Das Echo der Presse war weit über den fränkischen Bereich hinaus sehr groß. Auch der Bayerische Rundfunk unterstützte mit Interviews unsere Aktion. Wieder eher zurückhaltend, wie so oft, die bischöflichen Behörden.

Im Gegensatz zu vielen anderen Preisen steht hinter dem „1001 Christenpreis" keine Organisation oder Institution. Die Gemeinde St. Michael mit ihren engagierten Teams und den 1001 Unterzeichnern aus drei Generationen, die auch das Preisgeld stifteten, sind bereit, die eigene kirchliche Welt vor Ort so zu gestalten, dass die christliche Überzeugung glaubwürdig gelebt und damit einladend und offen ist: Gottes Türen stehen immer offen. Um die innerkirchlichen Träume und Visionen zu verdeutlichen, griff ich vor der Verleihung augenzwinkernd auf die persische Geschichtenerzählerin Scheherezade zurück, die sich vor dem wütenden Sultan mit ihren Märchen nach Tausendundeiner Nacht Kopf und Kragen gerettet hatte.

Der Preis wurde erstmals an Pfingsten 2001 vergeben und sollte alle zwei Jahre an einen Christen vergeben werden, der den Widerständen der Kirche zum Trotz beispielhaft das Evangelium Jesu lebt und der Führung durch den Heiligen Geist folgt.

Das Leitwort zur Preisverleihung aus der Bibel: „So spricht der Herr der Heere: In jenen Tagen werden zehn Männer aus den Völkern aller Sprachen einen Mann aus Juda an seinem Gewand fassen, in festhalten und sagen: Wir werden mit euch gehen, denn wir haben gehört, Gott ist mit euch ." (Sach 8,23).

Ein Priester ohne Zölibat

Der erste Preisträger des „1001 Christenpreises" war der Priester und Kirchenhistoriker Georg Denzler, verheiratet und Vater zweier Kinder. Auf seinen Vorschlag, ihn und andere in einer ähnlichen Lage vom Zölibat zu befreien, erhielt er eine deutliche Abfuhr. Er reagierte darauf in aller Öffentlichkeit: „Ich bin und bleibe katholischer Priester, auch nach dem Kirchenrecht."
In unserer Gemeinde feierte er nach der Preisverleihung den ersten Gottesdienst nach langer Zeit des aufgezwungenen Verzichts. Die Tochter Pia fertigte dazu das liturgische Gewand, seine Frau feierte seinen Gottesdienst erleichtert und voll Freude mit. Nach seiner Predigt und seiner Forderung, den Zölibat wegen seiner Unvereinbarkeit mit dem Evangelium abzuschaffen, erhielt Denzler anhaltenden Beifall. Er betonte aus eigener Erfahrung, nicht die Exkommunikation dürfe das Ziel der Kirche sein, sondern die Annahme aller Menschen ohne Vorbehalt und Einschränkung.

Hilfe für Frauen in Not

Der zweite und dritte „1001 Christenpreis" ging an Schwester Lea Ackermann und Pater Fritz Köster. Lea setzte sich intensiv für geschundene und missbrauchte Frauen ein. Sie verurteilte sehr nachhaltig den Sextourismus und die Zwangsprostitution und den damit verbundenen Frauenhandel, gründete mit SOLWODI eine hilfreiche Organisation und gab Frauen in ihrem Haus freundlich Unterkunft. Ihre Position zum Verhalten der Kirche zeigte sich schon im Titel ihres ersten Buches: „Unser Pfarrer, eine Frau!" An ihrer Seite wirkte Pater Fritz Köster, der nach seiner Missionstätigkeit in Afrika die Schwesterngemeinschaft um Lea Ackermann spirituell begleitete. Auch er half vielen Frauen in Not.

Starke Frauen in der Kirche

Der vierte Preis ging an Dr. Regina Ammicht Quinn. Sie studierte Theologie und Germanistik, habilitierte sich mit „Körper, Religion und Sexualität". Schnell zog sie sich damit den Einspruch ihres Bischofs zu und durfte nicht im Fach Katholische Theologie lehren. Stattdessen lehrte sie Ethik im Internationalen Zentrum für Ethik in den Wissenschaften an der Universität Tübingen. Mit ihr ging damit der Kirche eine weitere erfahrene Kraft und Frau verloren.
Der fünfte Preis wurde der Schweizerin Monika

Schmid verliehen. In den Gemeinden, die keinen Pfarrer mehr hatten, wurde sie als erste Pfarrbeauftragte von ihrer Gemeinde demokratisch gewählt. Eine Einschränkung gab es allerdings: nur bis zur Erlaubnis des Bischofs, die nie ankam. Dennoch setzte sie sich, meist unterstützt durch die Ortsgemeinden auch als Gemeindeleiterin durch. Ihr Verhalten war für andere Gemeinden ein gutes Beispiel, das in der Schweiz vielerorts aufgegriffen wurde. Dann gab es zu diesem Vorgehen endlich sogar die bischöfliche Erlaubnis.

Im Kampf gegen Aids

Als sechster Preisträger wurde Stefan Hippler, Pfarrer der deutschsprachigen Gemeinde in Kapstadt, gewählt. Er hatte sich besonders für Flüchtlinge eingesetzt und ihnen Unterkunft und Arbeitsmöglichkeit vermittelt. Auf massiven Widerspruch stieß seine Feststellung, dass sich die Kirche mitschuldig an der Verbreitung von Aids gemacht hatte, beispielsweise durch das Verbot des Gebrauchs von Kondomen bei sexuellen Begegnungen. Deswegen forderte Hippler die veraltete moraltheologische Tradition der Kirche, die aus eindeutiger Sexualfeindschaft bestand, mit der wissenschaftlichen Erkenntnis der Neuzeit zu versöhnen. In Kapstadt baute er eine Hilfsorganisation auf, die sich mit den Konsequenzen der Pandemie, der Kontinente übergreifenden Ausbreitung von Aids befasste, auch hier stieß der Preisträger auf römischen Widerstand, vor allem als er sich für die Neubewertung der Homosexualität und die Gleichberechtigung von Mann und Frau einsetzte.

Ein erfolgreicher „Menschenfischer"

Der siebente Christenpreisträger war Pfarrer Rainer Maria Schießler. Unter Münchens Gläubigen gilt er als Mann, als Priester mit Charisma, der auf dem Oktoberfest als Kellner arbeitet, um den Gewinn an Bedürftige zu spenden. Sein Gotteshaus füllt er bis an den Rand, für seine Predigten erhält er häufig Applaus. Als Seelsorger geht er unermüdlich auf Suchende zu. Er gewinnt Menschen zurück für seine von Skandalen erschütterte Kirche und ist selbst längst mit ihr in Konflikt geraten, sodass ihm sogar geraten wurde, sein Amt abzugeben.

Gebete, Weisheitsgeschichten und Impulse

Die Quelle des Lebens
ist ein Wort,
das aus dem Herzen kommt.

Das fünfte Evangelium

Der junge Mönch freute sich und sagte zu seinem Abt: „Endlich ist es mir gelungen, alle vier Evangelien bis zum Ende zu lesen." Darauf der Abt mit einem Lächeln: „Es gibt aber fünf Evangelien. Zu den üblichen vier kommt noch das Leben der Christen hinzu!"

Ein Freund in der Not

Obwohl unerfahren, mieteten sich zwei Freunde ein Boot, um auf das weite Meer hinauszufahren. Schon nach hundert Metern warf sie eine haushohe Welle ins stürmische Wasser. Sie mussten versuchen, schwimmend das rettende Ufer zu erreichen. Als sie wieder festen Boden unter den Füßen hatten, fragt sie ein Mann, der ihre Hilferufe gehört hatte: Wie habt ihr beiden denn das geschafft? Darauf der ältere: Wir haben miteinander geredet.

Wie Bäume ohne Laub

„Je tiefer wir im Glauben verwurzelt sind", sagte die Eiche, „desto höher reichen wir in den Himmel hinein. Diese Erfahrung hat mich, die Eiche, zum Thron Gottes gemacht. Daran glaubten die Menschen zu allen Zeiten, wenn sie mir ehrfurchtsvoll nahekamen. Nimm es mir nicht übel, Gott, dass ich auf deinen Gesandten Bonifatius noch immer sauer bin, der meine Schwester in seinem unfrommen Wahn gefällt hat. Wenn Menschen von mir lernen, sich zu erden, dann können sie von allen Seiten frei den Blick zum Himmel nehmen. Leider verstehen das viele Menschen noch langsamer, als ich wachse, und manche lernen es offenbar nie: Wer einen Baum umarmt, lernt seine Seele kennen und lernt dadurch für sein Leben. Menschen ohne Frömmigkeit sind wie wir Bäume ohne Laub. Wer richtig betet, hat jedesmal eine Idee mehr und ein Vorurteil weniger!"

Die „Ortsgespräche"

Über sechzig Bücher habe ich geschrieben, der Journalist in mir gab keine Ruhe. Immer mittwochs schreibe ich außerdem für ein unterfränkisches Massenblatt mit einer Auflage von 350.000 eine Kolumne, „Ortsgespräch" genannt. Es wird viel gelesen und erhält große Resonanz.
Diese Ortsgespräche trösteten mich ein wenig darüber hinweg, dass ich doch nicht zu meinem Lieblingsberuf Journalist gefunden hatte. Viele Leser reagierten darauf mit eigenen Gedanken und Vorschlägen. Diese Briefe und Anliegen beantwortete ich häufig, wobei sie manchmal auch das Thema zur nächsten Kolumne lieferten.

Ortsgespräch:
Wozu noch Oberhirten?

Wenn ein Bischofswechsel wie im September in Würzburg ansteht, gibt es nicht nur in der Reihe der Gläubigen des Bistums Fragen, weil sie sich regelmäßig übergangen fühlen und auch auf die Vorschläge von Priestern bei der Bischofswahl offenbar keine Rücksicht genommen wird. Nach wie vor hat der Papst alle Vollmacht, die nicht selten zu höchst fragwürdigen Bischofsernennungen führte. Es ist höchste Zeit, dass Rom nicht mehr allein das Sagen hat, sondern die Gläubigen, soweit sie überhaupt noch an der Kirche interessiert sind. Eine Wahl, wie es früher war, durch alle im Bistum, könnte viel angemessener sein, als einen Fremden vor die Nase gesetzt zu bekommen. Noch dazu: Jesus, der sich als der gute Hirte bezeichnete, kennt keine Oberhirten, denn die Katholiken sind keine Schafe, mit denen man machen kann, was man will. Dazu kommt die eindringliche Erwartung, dass die Kirche endlich den Prunk abschafft. Was sollen die Mitren, die aufwändigen Kleidungsstücke, Kreuz und Ring aus Gold? Die römischen Bischofsernennungen haben den weiteren Nachteil, dass der Neue die Gemeinden nicht kennt, sodass er auf Erwartungen und Wünsche keine Rücksicht zu nehmen braucht. Ich werde an das Wort eines meiner Firmbewerber, 17 Jahre alt, erinnert, der zu mir sagte: „Ich kenne den Bischof nicht, er kennt mich nicht, warum soll ich mich von dem firmen lassen? Firmen Sie doch mich und uns!" Ich habe es getan.

Ortsgespräch: Tausend Jahre Zölibat

Der Zölibat und seine schwerwiegenden Folgen sind das Hauptthema, als gäbe es nichts anderes in der römisch-katholischen Kirche. Von Lesern werde ich, ein Unverheirateter, oft nach meiner Meinung dazu gefragt. <u>Die seit fast tausend Jahren erzwungene priesterliche Ehelosigkeit hat ihren Ursprung in der Sexualfeindlichkeit der römischen Kirche.</u> Sie hat sich in der Geschichte auch auf anderen Ebenen höchst nachteilig ausgewirkt. Aus Feindschaft entsteht nie etwas Gutes, höchstens Schlimmes, Bösartiges. Bekanntlich bewirkt der Zölibat auch nichts gegen versteckte klerikale Liebschaften und Partnerschaften, die hierarchische Stufenleiter hinauf bis zu den Purpurträgern hinter den Mauern des Vatikans. Weit schlimmer noch wird behauptet, der Zölibat sei mit schuld am zahlreichen sexuellen Missbrauch von Kindern und Jugendlichen durch Zölibatäre. Was hat all das mit der Frohen Botschaft Jesu und seiner glaubwürdigen Verkündigung zu tun?
Manche Bischöfe stellen den Zölibat infrage, haben aber keinen Mut, das laut zu sagen oder gar in ihrem Bereich zu ändern. Vielleicht muss es erst zu einer Revolution kommen, um den gewaltigen Priestermangel zu überwinden. Nichtstun hilft nicht weiter.

Ortsgespräch: Mumien im Vatikan

Vermutlich zu keiner Zeit, die Reformation einmal ausgeschlossen, war der Vatikan ein so öffentliches Thema wie heute, nicht nur wegen der Skandale und der Missbrauchsgeschichten wie kürzlich wieder. Trotzdem verdichtet sich der Eindruck, dort in Rom hinter den gewaltigen Mauern gibt es kein wahres Leben, sonst wäre es öfter das Thema der päpstlichen Verlautbarungen. Mumien sind tot, erst recht im Vatikan. Dazu gehören dann auch die uralten, vertrockneten Behauptungen, Sex wäre gefährlich, meist sogar sündhaft, und die priesterliche Ehelosigkeit sei gottgewollt.

Was bedeutet dann der Kirche noch die Auferstehung Jesu, die mit dem Leben, vor allem mit dem Heil und Glück der Menschen, eben auch der Christen, zu tun hat? Jesu Worte und Taten – danach sollten sich vor allem die Kirchen richten – sind Kräfte und Weisungen, die das Leben in sich tragen. Sie sind für alle Zeiten wichtig und nicht für ein Museum bestimmt. Mumien haben es nun mal an sich, dass sie zwar reichlich geschmückt werden, aber trotz der Balsamierung keinen guten Geruch haben und keinerlei Regung zeigen, was auch immer um sie herum geschehen mag.

Solche nutzlosen Altertümer gibt es im Vatikan inzwischen mehr als genug, sie werden sogar gegen Gebühren vorgezeigt oder im ärgerlichsten Fall heiliggesprochen. Es ist an der Zeit, dass die Kirche nicht nur innerhalb des Vatikans die Mumien beiseiteschafft, wieder lebt und glaubwürdige Antworten auf die Fragen des Lebens und der Menschen in aller Welt gibt.

Ortsgespräch:
Wer sich bekehrt,
war nichts wert

Ein Sprichwort sagt: „Wer sich bekehrt, war nichts wert." Ein billiges, durch nichts zu beweisendes Wort. Was soll es auch für einen, der erkennen muss, dass er auf dem falschen Weg ist? Er wird umkehren müssen, das ist gewiss nicht immer leicht, um schließlich doch sein Ziel zu erreichen. Merkwürdig ist es schon, dass offenbar nicht wenigen eine Veränderung, die Bekehrung, verdächtig ist. Umkehr ist schwer und oft ist es lediglich die Bequemlichkeit, die einen Neuanfang verhindert. In den siebziger Jahren gab es eine Sendereihe: Bekannte Persönlichkeiten standen zu den Fehlern, die sie gemacht hatten, und begründeten ihre Veränderung. Die Bekehrung muss ja nicht unbedingt, wie es das Wort vorgeben mag, eine Hinwendung zu einer Religion oder der Wechsel zu einer anderen christlichen Konfession sein. Eine Meinungsänderung ist weder eine Schwäche noch eine Schande. Ganz im Gegenteil, sie erfordert Mut und Kraft und wird nicht selten anerkennend respektiert. Wer sich offen einer Kritik stellt, wird nachdenklich und gibt sich die Chance, sich treu zu bleiben und deswegen neue Wege einzuschlagen. Ein solcher Mensch kann in den Spiegel schauen, ohne rot zu werden Er folgt den Kennzeichen eines lebendigen Lebens.

Ortsgespräch: Die Nase voll haben

Wenn einer genug von vielen und großen Anforderungen verschiedenster Art hat, muss die Nase herhalten, um seine Missstimmung und die Abwehr zum Ausdruck zu bringen. Es ist mehr als genug! Da hilft allerdings auch kein Naseputzen weiter. Wer die Nase voll hat, dem stinkt sogar alles, obwohl er nichts mehr riechen kann. Der derzeitige Papst gebraucht diesen Ausdruck „Mir stinkt es" öfter, weil ihm so manches im Vatikan und der Kirche mehr als nur unter die Haut geht. Dann ist davon buchstäblich sogar seine geheiligte Nase voll. Alles, auch beim Papst, kann sich dann lösen, wenn einer zu sich selbst möglichst laut sagt, was ihn so überdrüssig und abwehrend macht. Dem Papst stinkt es beispielsweise, wenn sich die Bischöfe in aller Welt wie Beamte aufführen, die alles schon kennen und besser wissen. Was die Kirche brauche, um die Nase frei zu machen, seien nicht Papiere, sondern Menschen für Menschen. Wer die Nase putzt, lässt los, das ist ein wichtiger Vorgang für ein verbessertes, also gutes Miteinander. Auch andere Körperteile können zeigen, was uns an die Nerven geht. Wenn wir uns selber an den Kopf greifen müssen, ist es zu spät.

Manchmal hilft zur Besinnung auf sich selbst ein herzhaft kräftiges Niesen weiter. Die Nase wird dann frei: Gesundheit!

Ortsgespräch:
Armes reiches Land

Arm ist das Land, das voller Lehren ist, aber ohne Glauben. Arm ist das Land, das voller Kirchen ist, aber ohne Christen. Arm ist das Land, das voller Träume ist, aber ohne Taten. Arm ist das Land, das voller Wohlstand ist, aber ohne Mitgefühl. Arm ist das Land, das voller Politiker und Bürokraten ist, aber ohne Mitmenschlichkeit. Arm ist das Land, das voller Gesetze ist, aber ohne Zuversicht. Arm ist das Land, das voller Kinder ist, aber die in anderen Ländern hungern lässt. Arm ist das Land, das voller Straßen ist, aber kaum Wege zueinander kennt. Arm ist das Land, in dem die Gerechtigkeit blüht, aber das die Barmherzigkeit nicht kennt. Arm ist das Land, das viele Häuser, sogar Hochhäuser hat, aber keine Heimat bietet. Arm ist das Land, das voller Wissen ist, aber ohne Weisheit. Arm ist das Land, das voller großer Worte ist, aber ohne Liebe. Wann endlich kommt dieses Land zum Wohlstand, fragt man sich.

Worte für Firmlinge

Wir haben uns getroffen, um über die Firmung zu reden; sie ist eines der sieben Sakramente. Zwei, die Taufe und die Kommunion, habt ihr ja schon hinter euch. Jetzt folgt die Firmung nach dem Sprichwort: Alle guten Dinge sind drei! Dazu einige Worte: Sakramente sind heilige Zeichen, sie bringen uns mit Gott in lebendige Verbindung. Jesus Christus ist das große Zeichen Gottes für uns. Und doch bleiben Sakramente ein großes Geheimnis. Es kommt immer darauf an, was wir daraus machen. Für die Firmung heißt das: Es kommt darauf an, wie wir zu unserem Glauben stehen und wie wir diesen Glauben in Wort und Tat bekennen.

Glaubensbekenntnis einmal anders

Das folgende Glaubensbekenntnis habe ich mit einer Gruppe von Firmlingen in unseren nachmittäglichen Runden formuliert. Es wurde gerne auch von den Mitchristen, die am Sonntag den Gottesdienst mitfeierten, angenommen:

Wir glauben an Gott, der zu uns ist wie ein guter Vater, wie eine sorgende Mutter.
Wir glauben an Jesus Christus, der als Gottes Sohn und Gottes gutes Wort für uns in diese Welt gekommen ist.

Wir glauben an den Heiligen Geist, der in uns und durch uns wirken will für eine bessere Welt.
Wir glauben an die Kirche, wenn sie das Evangelium, die Frohe Botschaft Gottes, bewahrt und um die Rettung des Menschen und der Welt besorgt ist.
Wir glauben an das neue Leben, das Gott uns in seinem Reich nach diesem Leben schenken will.
Das alles glauben wir, so wahr uns Gott helfe.

Psalm für Kranke

Zu meinem Aufgabenbereich zählte auch das Krankenhaus St. Josef. Es war das Erste in der Stadt und für die ganze Region. 1931 wurde es auf Wunsch des Würzburger Bischofs von einer Gemeinschaft von Ordensschwestern gegründet und gebaut. Sie, die in der Stadt bald Barmherzige Schwestern genannt wurden, betreuten weiterhin die Kranken, für die fast 300 Betten zur Verfügung standen. Ich besuchte dort viele Kranke. Viele gute Beziehungen sind in diesem Haus entstanden, auch Freundschaften mit den Ärzten aller Fachrichtungen. Notfalls waren sie dann auch bereit, in unserer Gemeinde spontan zu helfen. Nicht nur deswegen, aber für alle und mich war das Haus ein großer Segen. Einmal im Monat feierten wir in der Runde mit möglichst allen Kranken Gottesdienst und beteten diesen Psalm:
Gott ist unser Arzt. Er steht uns zur Seite und weiß, was wir nötig haben. / Er gibt uns die Gelassenheit, um alles loszulassen, was uns belastet und

niederdrückt, um alle Beschwerden zu überwinden. / Unsere Seele achtet auf ihn und sein gutes Wort, denn alle unsere Gebrechen wird er heilen, er vergibt uns alle unsre Schuld und hat Nachsicht mit unserem Versagen und mit unseren Fehlern im Tun und Lassen. / Er erfüllt unser Leben mit allem Guten und hilft, dass wir das alles sehen und einsehen können. Denn Gott ist unser Arzt, ihm will ich danken, ihn will ich preisen mein Leben lang.
Darum will ich auf die Natur achten, wie auf alles achtsam sehen, was uns umgibt, das Grün, das uns geschenkt ist als Zeichen der Hoffnung. Die Natur gibt die Blüten und Blumen, die Gottes Nähe und sein Erbarmen zeigen. / So hoch sich der Himmel über die Erde wölbt, so groß ist seine Barmherzigkeit. Wie ein Vater zu seinen Kindern und Kindeskindern, wendet er sich uns zu; er weiß, was wir nötig haben. Selbst wenn unsere Tage sind wie die Blume des Feldes, wie es in der Schrift heißt, die schnell dahin ist und niemand weiß, wo sie stand und blühte. / Doch Gottes Erbarmen und Liebe hören nie auf. Ewig währt seine Huld über allen, die seinen Namen anrufen und ihm vertrauen. Deswegen setzen wir unsere Hoffnung auf Gott. Preist den Herrn für sein Erbarmen, alles, was dankbar sein kann, preist den Herrn. / In großer Zuversicht und Bereitschaft wollen wir unser Leben ihm in die Hand geben, weil wir glauben, er macht alles gut. Amen!

Abschiedsworte für Sterbende

Sterbende begleitete ich zum neuen Leben. Zusammen mit den Angehörigen haben wir diese Abschiedsworte gesprochen, die nicht nur für die Sterbenden große Bedeutung hatten:
Lieber ..., geh mit Gott der Auferstehung entgegen. Geh durch das Tor des Todes, das Leben heißt, denn der Tod hat nicht das letzte Wort. Möge die letzte Stunde dir leicht sein, auch im Blick auf das, was du getragen und ertragen hast, aber mit Dankbarkeit, was dir das Leben alles geschenkt hat, was du aus Liebe getan und gelassen hast. Wir empfehlen dich der Güte Gottes. Ihm vertrauen wir dich an. Wir lassen dich los, damit er dich an der Hand nehmen kann. In Gottes Hand lassen wir dich los, dort bist du geborgen für immer. Wir lassen dich in großer Traurigkeit los, denn wir haben dich lieb. Doch weil wir dich lieben, denken wir nicht an uns. Wir beten und sagen: Vater, in deine Hände legen wir dieses Leben. Und wir bitten, das Gute deines Lebens soll dich begleiten. Du sollst finden, was du schon immer gesucht hast: Liebe, Freude, Frieden und Glück werden dich begrüßen. So segnen wir dich zum Abschied aus unserer Welt, aber wir bewahren dich in unserem Herzen: +++ Im Namen des Vaters, des Sohnes und des Heiligen Geistes, amen.

Trost für Trauernde – die Liebe bleibt

Mit Leib und Seele
sollst du in der Liebe und dem Erbarmen Gottes
geborgen sein in alle Ewigkeit.

Du bist in Liebe geboren,
hast Liebe gegeben,
die Liebe gelebt,
Du bist beliebt gewesen,
Jetzt in Liebe gestorben,
Die Liebe bleibt für immer.

Wer Gott liebt,
hat zu sich selber gefunden.
Wer sich von Gott geliebt weiß,
kann loslassen, weil er gehalten ist.
Wer immer sich verschenkt,
kennt die Fülle der Liebe und des Lebens.
Er kann für sich sein, weil Gott für ihn ist
und er kann für uns sein,
denn er weiß Gott auf unsrer Seite.
Er hat das Leben,
denn der Tod hat nicht das letzte Wort,
sondern die Liebe.

Gebet:
Lass mich dein Wort sein

Gott, schenke mir dein gutes Wort und lass mich dein Wort sein. Wende dich mir zu, dann kann ich dir unter den Menschen ein Gesicht geben, das löst und befreit. Nimm mich an der Hand, dann gehe ich sicher, kann tragen und ertragen. Segne mich, dann werde ich zum Segen allen Menschen, die mir begegnen. Ich kann ihnen glaubwürdig sagen: Bevor du in der Bibel liest, bist du schon drin.

Gebet an einer Kirchentür

Herr, erinnere mich mit jedem Atemzug daran, dass ich mich nicht sofort und zu jeder Sache und bei jeder Gelegenheit äußern muss.
Befreie mich in jeder Minute von dem Zwang, mich in die Angelegenheiten anderer, vor allem Jüngerer, einzumischen.
Schenke mir bei jedem Viertelstundeschlag die Gabe, rasch und offen zur Sache zu kommen.
Nimm mir das Bedürfnis, zu jeder Stunde über meine Krankheiten und Beschwerden zu sprechen.
Verleihe mir schon am frühen Morgen die Bereitschaft, nicht Böses mit Bösem zu vergelten.
Lass nicht zu, dass mich tagsüber meine Erinnerung an eigene Fehler im Stich lässt, damit ich nicht einseitig, hart und stur werde.
Bis zum Mittag möchte ich wenigstens einem Menschen ein gutes Wort gesagt haben.

Lass mich am Abend feststellen, dass ich ein bisschen besser geworden bin, als ich gestern war. Dann kann ich in der Nacht mein Leben ganz gelassen in deine Hände legen, ruhig schlafen und im Frieden mit dir den neuen Tag voll Zuversicht erwarten.

Gebet in Depression

Guter, allerbarmender Gott. Wenn ich wie jetzt niedergedrückt bin wie von einer schweren unerträglichen Last, dann sei du meine Hoffnung und Zuversicht, die mich aufrichtet und ermutigt. Du hast laut Bibel gesagt: „Ich bin da!" Dieses zuversichtliche Wort gilt allen Menschen in schwieriger Lebenssituation, wenn alles dunkel ist.

Lass mich vor allem jetzt deine Nähe spüren, mit jedem Atemzug. Bei jedem Atemzug, jetzt und immer, will ich dich ganz bewusst in mich aufnehmen im Glauben und Vertrauen, dass du mich nicht allein lässt und mir beistehst. Andrerseits will ich bei jedem Ausatmen ganz bewusst loslassen, was mich bedrückt: die falschen Gedanken, meine Hoffnungslosigkeit, alle Sorgen, wie es weitergehen soll. Dann fühle ich mich verstanden, so wahr du mir, mein Gott, hilfst.

Deswegen will ich jetzt besonders dankbar und froh sein darüber, was mir alles geschenkt wurde und noch wird. Ja, allerbarmender Gott, ich weiß mich jetzt gesegnet, behütet und beschützt, auch zur Freude und zum Glück aller, die um mich sind.

Gebet nach einem Unglück

„Mein Gott, mein Gott, warum hast du mich verlassen?" Dieses Wort Jesu ist mir nach dem schrecklichen Unfall, der über mich gekommen ist, als Erstes eingefallen. Weißt du, wie ich mich fühle, wie mir zumute ist? Jetzt suche ich nach all dem Schrecken und den Folgen des Unglücksfalls nach Halt, Ruhe und Geborgenheit. Ich bitte dich um Hilfe und Rat, wie ich jetzt all das überstehen kann. Gib mir einen mitfühlenden Menschen an die Seite, der mich stützt und schützt. Noch weiß ich weder ein noch aus. Gib mir auch die Bereitschaft, mir ohne Wenn und Aber helfen zu lassen. Ich vertraue auf dich, damit alles gut wird.

Gebet: Die Liebe leben

Gott der Liebe! Seit Kurzem sind wir zwei eins durch die Liebe. Wir sagen herzlich Du zueinander. Ich liebe meine andere Seite, wie ich mich lieb habe. Ich werde geliebt. Ich bin glücklich über jede Umarmung, sie schenkt mir innerste Freude und Sicherheit. Diese Liebe sagt mir, wer ich bin. Ich hoffe und bete, dass es immer so bleibt. Deswegen, guter Gott, hilf uns beiden, dass wir an der Liebe festhalten und sie nicht verlieren. Die Liebe ist das schönste Geschenk, das du uns Menschen gegeben hast, dafür will ich danken.
Dankbar sind wir beide auch über die Weisung Jesu: „Ein neues Gebot gebe ich euch: Liebt ei-

nander! Wie ich euch geliebt habe, so sollt auch ihr einander lieben." Daran halten wir fest, wenn einmal schwierige Zeiten für unsere Liebe kommen, denn wir wissen, unsere Liebe soll vollkommen sein und keine Ecken und Kanten haben, an denen wir uns stoßen und verletzen könnten. Wir haben es erfahren: Die Liebe öffnet das Tor zum Glück. Wir wollen es für uns beide immer offen halten. Zugleich bete ich für mein Du und für mich, liebevoller Gott! Lass uns dereinst in deiner Liebe geborgen und aufgehoben sein.

Gebet in Dankbarkeit

Guter Gott, eigentlich hätte ich oft Grund genug, dir zu danken. Jetzt will ich es tun, denn dazu bin ich gestimmt. Ich will und kann meinen Dank an den fünf Fingern meiner Hand aufzählen:
So sicher wie heute war ich noch selten, ruhig und gelassen. So viel wie heute hatte ich noch nie, ich brauche mir keine Sorgen mehr zu machen. Ich habe Geld genug für heute und morgen.
So viel Zeit für mich und für andere hatte ich noch nie. Ohne Hetze gehe ich dem Notwendigen nach und kann auch anderen Zeit schenken und helfen.
So viel Anerkennung hatte ich noch nie, nach der letzten Enttäuschung hat mich das Wort aufgerichtet: Es ist gut, dass es dich gibt.
So satt und zufrieden wie heute war ich noch nie. Ich habe wirklich alles, was nötig ist, sogar mehr als das. Was will ich also mehr?
So viel Zuversicht wie heute hatte ich noch nie.

Ich bin selbst überrascht über mich. Ich empfinde dieses Gefühl wie ein Geschenk für mich. Das Dunkel, in dem ich vorher wie gefangen war, hat sich aufgelöst. Endlich sehe ich wieder Licht. Für alles will ich dankbar sein und deswegen zu mir sagen: Beklage nicht deinen jetzigen Zustand, sondern freue dich und danke für alles, was dir bislang geschenkt wurde.

Barmherzigkeit

Vom Herzen zum Herzen,
herzlos oder herzhaft.
Herzlich,
herzhaft,
barmherzig.
Ein Herz und eine Seele.
Mach's wie Gott,
werde Mensch.
Sei barmherzig.

In unserer Mitte

Du wohnst nicht in Domen und Kathedralen,
auch wenn sie es sagen.
Du hast keine Stellvertreter,
die über dich verfügen,
auch wenn sie es behaupten.
Du wohnst mitten unter uns,
du logierst bei der Witwe,

die ihre Miete sonst nicht bezahlen könnte,
hast einen Unterschlupf gefunden,
wo nur Obdachlose übernachten.
Du wohnst überall, wo Menschen leben.
Du bist sogar dort, wo wir dich nicht vermuten,
hinter den Mauern der Haftanstalt,
in der Klinik für psychisch Kranke.

Begeistert

Komm herab, Heiliger Geist,
der das Dunkel der Nacht zerreißt,
Auf dich, Vater, das ganze Leben zählt,
mach hell am Morgen mit Licht diese Welt.
Komm, Jesus, der Menschen liebt
und heilsame Worte
nicht nur zu Mittag gibt.
Höchster Tröster dieser Zeit,
mach uns zur Barmherzigkeit bereit.
Sind wir tagsüber unruhig, schenk, guter Geist,
uns Ruh!
Sind wir ungeduldig, gib Gelassenheit noch dazu.
Komm, Dreifaltiger, als Glücksbringer mit Güte
und Licht
erfreue Herz und Angesicht.
Komm, Vater, Sohn und Heiliger Geist,
als unsrer Seele Grund,
haltet uns fröhlich und gesund.
Ohne das dreifache Gottes-Sein
wären wir Menschen einsam und allein.
Komm, heiligste Dreifaltigkeit,
wir sind offen und bereit.

Seligpreisungen

Jenen, die behaupten: „Es gibt kein Glück ohne Reichtum",
erwidert Jesus: „Selig die Armen im Geiste".
Jenen, die fragen: „Wo gibt es Gerechtigkeit?",
sagt Jesus: „Denk an Barmherzigkeit".
Jenen, die raten: „Lache bei jeder Gelegenheit!",
rät Jesus: „Selig die Trauernden".
Jenen, die fordern: „Lasst sie nicht ungestraft gehen!",
erwidert Jesus: „Selig die Achtsamen".
Jenen, die sagen: „Es gibt bald wieder Krieg",
sagt Jesus: „Selig die Friedfertigen".

Jesus als die Hand Gottes

Sein Geburtsort ist ein Stall,
mit dem Geruch der Wohnsitzlosen.
Teilhaber der Heimatlosen.
Er isst und trinkt mit Außenseitern.
Wird ihnen zur Nahrung,
zeigt so die Hände Gottes.
Er begeistert die Massen, teilt Brot,
vermehrt den Wein
und sagt: Der Mensch soll stets der Nächste sein.
Er verkündet Armen Gottes Reich.
Doch unterm Kreuz hält keiner aus,
obwohl er uns und die ganze Welt dort umarmt.
Er war und ist bei allem die Hand Gottes,
zeigt uns so Gottes Nähe und Zuwendung.

Neue Psalmen

Eine besondere Freude ist es mir, zum Thema des Gottesdienstes einen Psalm zu verfassen, der dann an Stelle einer Predigt im Wechsel zwischen Frauen und Männern gesprochen wird.

Psalm: Gott finden

Männer: Gott, deine Worte sind uns gegeben von Anbeginn an, seit alles, was ist, geschaffen wurde. Das wichtigste und schönste Wort, das wir haben, wurde uns auf dem Berg Sinai geschenkt, als du zu Mose sagtest: „Ich bin da." Für alle Zeiten sollte uns dieses Wort begleiten. Preis und Ehre, guter Gott, sei dir dafür heute und in alle Ewigkeit.

Frauen: Dein Wort, guter Gott, ist durch Jesus Christus, durch seine Menschwerdung zur Frohen Botschaft geworden. Für ihn war, wie für uns, die Natur ein Zeichen deiner Gegenwart und deiner Nähe. Auf diese Zeichen wollen wir achten und sie bewahren, soweit es uns möglich ist. Alles, was um uns ist, öffnet uns den Blick auf dich.

M: Dann können wir hier sagen und bekennen: Die Quelle des Lebens ist ein Wort, das aus dem Herzen kommt. Wie Honig sind Worte der Freundlichkeit, Genuss für die Seele, Heilung für den ganzen Menschen. Wenn wir Gott in unser Herz lassen, wird dort nichts Böses zu finden sein.

F: Wir erwarten einen neuen Himmel und eine neue Erde, in denen Frieden und Gerechtigkeit einen Platz haben. Der Himmel spiegelt sich auf die Erde und sie würde zum Himmel, wenn wir nicht ständig mit unseren Schattenseiten dazwischengingen.

M: Das sagt uns die Natur: Die Erde ist unsere Mutter, Gott unser Vater, aus dem Wasser sind wir genommen, das Feuer gibt uns Wärme und Kraft. Alles Grün und die Blumen sind ein Fingerzeig auf alles, was uns an Gutem und Schönen erwartet: Gottes Herrlichkeit über Erde und Himmel.

Alle: Wenn wir auf das alles sehen, dann kann es uns wie ein Spiegel sein, in dem sich Gott zeigt. Das wollen wir uns vor Augen halten, wenn wir nach draußen gehen, wo es so viel Wunderbares zu entdecken gilt. Dazu kommt auch die Begegnung mit Menschen, die wir schätzen und lieben und denen wir im guten Sinn des Wortes entgegenkommen wollen.

Psalm: Grundvertrauen

Grundvertrauen heißt, wir wollen offen dafür sein, was der Glaube uns rät. Trotz manch schlechter Erfahrung sollen wir weniger misstrauisch sein und mehr Vertrauen haben. Unser Vertrauen gilt Gott. Er zeigt uns den richtigen Weg.

M: In den alten Schriften ist noch zu lesen: Gott ist zu uns wie eine Mutter und nicht wie ein Vater. Erst Jesus hat uns durch sein Gebet gelehrt, dass Gott zu uns wie ein Vater ist. Zeitlebens spielt die Mutter für uns die größte Rolle, mehr als ein Vater, auch wenn er seine Aufgaben liebevoll erfüllt hat.

F: Es ist schon wahr, was der Prophet Jesaja gesagt hat: Kann denn eine Frau ihr Kind vergessen? Das ist für uns ein wichtiger Hinweis auf die Liebe Gottes. Wenn Jesus in seiner Muttersprache „lieber Vater" sagt, dann klingt immer auch die mütterliche Seite mit. Eltern wäre ein guter Sammelbegriff dafür.

M: Die mütterliche Seite Gottes kann uns einen zürnenden und richtenden, gar einen rächenden Gott vergessen lassen, auch wenn uns das in der Jugendzeit so beigebracht wurde. Dann kann sich unsere Gottesvorstellung grundsätzlich ändern und Fegefeuer und Hölle haben keine Bedeutung mehr.

F: Wir wissen auch, dass eine gute Mutter nicht alles von uns fernhalten konnte, was für uns gefährlich war. Aber ihre ständige Fürsorge gehört in unser Leben und bleibt als gute Erinnerung. So sollte letztlich auch unsere Vorstellung von Gott sein: Seiner Nähe, seiner Zuwendung, seinem Erbarmen können wir uns sicher sein.

M: Sollten wir dann von Gott erwarten, gar einfordern, dass er von uns alles Leid, jede Enttäuschung fernhält, uns davor bewahrt? Weit besser ist es, wenn wir dankbar sind für das, was uns alles schon geschenkt wurde, besonders, wenn wir das schwere Schicksal anderer im Auge haben.

F: Noch einmal: In den frühen Kulturen spielte der Vater keine bedeutende Rolle, doch mit der Zeit wurde Gott auch als Vater gedacht. Für uns soll Gott wie ein guter Vater und eine sorgende Mutter sein, denn er hat uns gesagt: „Ich bin da." Das gibt uns Vertrauen und Zuversicht.

Alle: Es gilt für uns zu erkennen und zu bekennen, dass Mutterliebe und Gottesliebe gut für uns sind. Gottes Liebe und Erbarmen sind zuverlässig, wie die Liebe unserer Eltern und Großeltern. Darauf setzen wir unser Vertrauen. Das alles wird uns hilfreich sein, unsere Beziehungen zu Gott nie aufzugeben, denn er täuscht und enttäuscht uns nicht.

Engelpsalm

Als ich Pfarrer von St. Michael in Schweinfurt wurde, erinnerte ich mich daran: Als sich das Christentum über das noch heidnische Germanien ausbreitete, wurde den ersten Kapellen und Kirchen der Erzengel Michael als Patron gegeben. Daher kommt auch die Bezeichnung „der deutsche Michel" für den Deutschen an sich. Ich habe zum Michaelstag jeweils am 29. September diesen Text geschrieben:

Hört jetzt gut, was der Engel, euer Schutzpatron, euch zu sagen hat. Schließlich bin ich der Engel, der für immer bei euch einen Platz finden soll. Ich spreche zu euch, um euch Mut und Zuversicht zu schenken. Aber lieber noch spreche ich als dein Engel aus dem Mund derer, die euch lieb haben und sagen: Es ist gut, wie du bist. Es ist gut, dass es dich gibt. Deswegen hört dankbar zu, was der Engel euch wünscht:
Alles Gute und Liebe, wenn ihr allein seid und wenn ihr euch einsam fühlt. Alles Liebe, wenn ihr in einer Gemeinschaft seid, inmitten von Menschen, die euch wie alle hier schätzen.
Zuversicht und Freude soll euch jeder Tag schenken, an jedem Abend sollt ihr voll Dankbarkeit zurückblicken, was er euch alles gegeben hat.
Bedenkt: Heute ist euer Tag, auf den ihr euch freuen dürft. Er ist mein Geschenk für euch. Denn ich, euer Engel, begleite euch mit meiner Sorge, was auch immer ihr tut oder lasst. Noch am späten Abend, dann auch in der Nacht, bis hin in den frü-

hen Morgen soll alles ohne Sorgen und Angst sein. Alles Gute und Schöne, das euch geschenkt wird, kommt von mir, deinem Engel, Tag für Tag.
Wenn es einmal schwer wird, warum und wie auch immer, denkt an mich, damit ich euch beistehe.
Ihr alle sollt an meiner Seite gesegnet sein, wie ihr selber ein Segen seid. Schon deswegen schenken wir euch unseren Schutz und unsere Hilfe, vor allem im Namen des Erzengels Michael, eures Patrons. Wir alle sind an eurer Seite und so soll es bleiben. Amen.

Bikerpsalm: Der Herr ist mein Treibstoff

Zu den Motorradgottesdiensten habe ich einen Psalm geschrieben, der gemeinsam gesprochen wurde: Den Text bekommen die Teilnehmenden auf einer Karte, um ihn auch zu Hause beten zu können.

Der Herr ist mein Treibstoff. Nichts wird mir fehlen: Er ist allezeit da und begleitet mich auf meiner Fahrt und sorgt sich um mein Leben.
Er umgibt mich wie der Fahrtwind; ich spüre ihn um so deutlicher, je schneller ich fahre.
Gott zeigt mir mein Lebensziel, ich richte meinen Lenker danach aus.
Gott, segne mich, damit ich ein Segen sein kann für alle, die an der Kreuzung ihres Lebens stehen, und ein guter Helfer bei Unfall und jeglicher Not.

Rechtzeitig will ich ein Zeichen setzen, wenn ich
abbiege, weil sich neue Ziele zeigen. Dann lass
nicht zu, dass ich mich verfahre und nicht vorwärtskomme.
Das Geräusch meines Motors, seine gleichbleibenden machtvollen Töne, soll sein wie ein Gebet,
das mich mit dir, meinem Gott, in lebendiger Beziehung hält.
Sei für mich Stunde für Stunde ein hilfreicher
Beifahrer, der mir das Ziel zeigt und mich ermutigt, wenn ich schwach werde.
Wenn ich bremse, um ein Hindernis zu umfahren, gib mir einen festen Halt nach beiden Seiten,
dass ich nicht falle.
Die Hupe soll auch mir gelten: „Gib acht, wohin
dich dein Tun und Lassen führt! Dann kehre um,
solange noch dafür Zeit ist. Mit Gott gibt es immer einen neuen Start, er lässt keinen im Stich."
Dann lass mich, guter Gott, dankbar sein, wenn
ich ohne Unfall das Ziel erreicht habe: das Ziel
meines Lebens.

Büttenpredigt: Auch in der Kirche darf gelacht werden

Liebe Schwestern und Brüder, eine Frage zuvor:
Hat unser Herrgott etwa doch Humor?
Diese Frage kommt uns recht seltsam vor.
Wenn ja, dann darf, wie überall auf Erden,
auch in der Kirche gelacht doch werden!
Hat also der Herrgott im Himmel je gelacht?

Es ist fraglich, ob er überhaupt
noch Witze macht.
Allerdings, wenn Gott
auf die böse Menschheit schaut,
er seinem freundlichen Humor
schon nicht mehr traut.
Erst recht dann, wenn er an seine Kirche
auf Erden denkt,
die sich vorwitzig heilig
und allein seligmachend nennt,
obwohl sie weder nach heiligen Schriften lebt
noch sie wirklich anerkennt.
Ja, zum Lachen gäbe es bei den Christenleuten
wirklich mehr als genug.
Wegen deren Scheinheiligkeit,
eingeschlossen noch Lug und Betrug.
Doch wenn Gott im Himmel lacht
über uns alle hier auf Erden,
dann darf wie gesagt auch in der Kirche kräftig gelacht mal werden.
Drum lassen wir uns heute kräftig mit Witzen
auf Kirche und Pfarrer ein,
zum Lachen ist ja vor allem deren übergroßer
Heiligenschein.
Denn wann hat je Hochwürden, ein Prälat,
etwa ein Bischof über sich selber gelacht?
Obwohl man über ihren Stand die allerschärfsten
Witze macht.
Die neugierigen Nachbarn gingen ohne Hast
durch den aufwendig neu gestalteten
Bischofspalast.
Sie staunten über die vielen Zimmer
und übergroße Räume,

davon konnte ein kleiner Sterblicher
nur noch träumen.
Sie sagten zum Bischof:
„Und das alles ohne Frau, Familie und Kinder!
Na ja, für Hochwürden ist das alles
und nicht für uns arme Sünder."
Darauf der Bischof:
„Nichts ist unvergänglich hier auf Erden,
was nicht ist, das kann ja noch werden!"

Büttenpredigt: Jetzt bitte ein Lächeln

Jesu oft gebrauchtes Wort,
die Wahrheit wird euch frei machen,
ist für die deutschen Bischöfe
mit entsprechendem Bauch
doch nur zum Lachen.
Deswegen, das gilt bis heute unbestritten,
hat das Gotteswort durch die Kirche
sehr viel gelitten.
Denn weil die Freiheit in der Religion
oft gefährlich,
hält sie sogar der Papst für höchst entbehrlich.
Jetzt bitte ein Lächeln!

Noch ein Wort zum Thema Zölibat,
Auch eine O-Lösung käme für die Kirche
viel zu spät.
Würde man Partnerschaften wieder ehren,
die Kirche würde sich wieder stark vermehren.

Unsere Kirche derzeit weit entfernt
von Gottes Haus,
sie gleicht vielmehr einem großen Krankenhaus,
das sie einrichten musste, das ist nicht gehetzt,
für alle, die sie stark verwundet hat und verletzt.

Wenn die Kirche lebte nach Jesu Frohbotschaft,
statt mit Fegefeuer, Hölle zu missbrauchen
als Drohbotschaft,
machte der Gottesdienst wieder große Freude
und brächte dann in die Kirche viele Leute.
Denn dann wäre hier auf Erden
schon der Himmel,
auch ohne unehrliches und
aufdringliches Gebimmel.

Warum trägt jeder Bischof
einen schwarzen Mantel,
einen großen und weiten?
Damit er jeden Missbrauch vertuschen,
verstecken kann,
wie seit langen Zeiten.
Darum geht es denn auf der Kanzel dem Narren,
auch wenn die Bischöfe weiterhin schweigend
in den Missständen ihrer Kirche verharren.
Weil die deutschen Bischöfe
nur nach dem Vergangenen leben,
verlieren die Gemeinden die Lust am Leben.
Jesus war ganz anders in Wort und der Tat,
er heilt, macht gesund und gibt nötigen Rat.
Antwort selbst noch auf jene Fragen,
die Priester ihren Bischöfen
nicht zu stellen wagen.

Büttenpredigt:
Keine Angst vor Flüchtlingen

Auch aktuelle Probleme
wurden von mir in Verse gefasst,
nicht nur zum Lachen, sondern zum Bedenken,
um allen auf Erde Freude und Frieden
zu schenken:
Im Evangelium von heut ist es ganz groß
und dick geschrieben,
ihr sollt auch eure Feinde lieben.
Dass man Flüchtlinge zu Feinden macht,
wer hätte je an so was Dummes gedacht?
Er müsste auch sie wie Feinde lieben.
Wie heißt es in der Schrift bei Feinden:
Dem, der dich schlägt mit roher Gewalt,
auch noch die rechte Backe hinhalt.
Wir kennen uns alle doch nur zu gut:
In uns schreit es „Nein! Nein!"
Das lähmt glatt unseren Mut.
Wir fühlen uns im Selbstwert betrogen,
weil wir stark geprägt sind von Psychologen.
Die behaupten doch einfach und glatt:
Nicht die Nächstenliebe, sondern das EGO
ist der Tat nach unsere Triebe.
Doch eines bleibe heute nicht außer Acht,
auch wenn der Flüchtlingsstrom
uns Ängste macht.
Das Wichtigste in unserem Dasein ist eben,
dass wir mit allen in guter Beziehung leben.
Genau darauf zielt das Evangelium ab,
in dem Jesus uns seine Worte und Weisung gab;

das Leben in Frieden und Freude zu gestalten,
auch dadurch, dass wir einem Gegner friedvoll die
Backe hinhalten.
Das Bild, das wir uns vom Flüchtling machen
als einem gefährlichen Feind, ist zum Lachen,
auch wenn das noch so klar und richtig erscheint;
ist völlig einseitig, damit schlicht falsch und verkehrt, wird durch die dummen Vorurteile
nur noch vermehrt.
Das Prinzip von Jesus ist jenseitig,
doch nicht schwierig für heute und hier:
Es will uns nur sagen, bleib ruhig,
sei gelassen, es einfach probier!
Überrasche alle Beteiligten mit Güte und Huld,
schenke allen, ob verdient oder nicht,
Zuwendung und Geduld.

Büttenpredigt:
Das Trumpeltier

In Amerika als Präsident ist er jetzt vorne dran,
der Trump, und wird so mit seinen Konsorten,
uns fehlen hier die brauchbaren Worte,
zu sehr gefährlichen Trumpeltieren.
Die europäische Politik steht bei allem immer
noch feige Schmiere.
Wodurch wurde der Trump denn Milliardär,
dass es jetzt Flüchtlinge, Obdachlose
mit ihm haben so schwer?
Er schaffte die Riesensumme
nicht durchs Häuslebauen,
sondern erbte von seinem Vater, dem schlauen;

jetzt muss sein Volk deswegen
auf Mauern schauen.
Nein, ich versteh das überhaupt nicht,
wie heutzutage einer kann schalten und walten
wie ein böser Wicht.

Lachen musst du selber

Manchmal erzähle ich nach dem Sonntagsgottesdienst den Besuchern einen kleinen Witz, frei nach dem Motto: Gott hat dir ein Gesicht gegeben, lachen musst du selber. Zum Beispiel diesen: Der Pilot eines Flugzeuges sagt über den Bordlautsprecher: „Ein Düsentriebwerk ist ausgefallen, es kann schwierig werden. Haben wir unter uns einen Pfarrer, der in einer solchen Situation macht, was er immer tut?" In der letzten Reihe erhob sich ein Herr in Schwarz, nahm seinen Hut aus der Ablage und sammelte eine Kollekte ein.

Gut beobachtet

Ein Ministrant zu seinem Vater:
„Bei jedem Gottesdienst sagt der Pfarrer, wenn er den Kelch mit Wein nimmt: ‚Nehmt und trinkt alle', und ich bekomme nichts."
Der Vater darauf: „Du wirst mir doch kein Alkoholiker werden wollen wie er?"
Der Junge weiter: „Dann isst er bestimmt auch selber die Kekse und wir bekommen nur das trockene Zeug."

Bildnachweis

Bild 1-3, 5, 9: privat
Bild 4, 6, 8: © Martina Müller/ Josef Lamber, Üchtelhausen – Zell
Bild 7: © KNA-Bild